中国古代北方民族交往交流交融丛书

多元一体
——先秦时代的文化交流

李明华 著

内蒙古人民出版社

图书在版编目（CIP）数据

多元一体：先秦时代的文化交流 / 李明华著 . -- 呼和浩特：内蒙古人民出版社，2025.1

（中国古代北方民族交往交流交融丛书）

ISBN 978-7-204-17155-2

Ⅰ.①多… Ⅱ.①李… Ⅲ.①古代民族—文化交流—研究—华北地区—先秦时代 Ⅳ.① K289

中国版本图书馆 CIP 数据核字 (2022) 第 009365 号

多元一体——先秦时代的文化交流

作　　者	李明华
策划编辑	王　静
责任编辑	郭婧赟
封面设计	刘那日苏
出版发行	内蒙古人民出版社
地　　址	呼和浩特市新城区中山东路 8 号波士名人国际 B 座 5 楼
网　　址	http://www.impph.cn
印　　刷	内蒙古恩科赛美好印刷有限公司
开　　本	710mm×1000mm　1/16
印　　张	15
字　　数	175 千
版　　次	2025 年 1 月第 1 版
印　　次	2025 年 1 月第 1 次印刷
书　　号	ISBN 978-7-204-17155-2
定　　价	88.00 元

如发现印装质量问题，请与我社联系。

联系电话：（0471）3946120

编委会

主　　编：李月新

副 主 编：齐建萍　于畅夫

编　　委：孙国军　吕富华　李明华　阚　凯
　　　　　张若开　于晓娟　张　敏　李浩楠
　　　　　王　欣　白满达　敖拉乌兰
　　　　　刘江涛　任君宇

总　序

各民族交往交流交融是中华民族团结统一的重要基础。在漫长的历史发展过程中，各民族血脉交融，逐步形成牢不可破的中华民族共同体，彰显出中华民族共融共通的价值取向。习近平总书记强调："我们伟大的祖国，幅员辽阔，文明悠久。一部中国史，就是一部各民族交融汇聚成多元一体中华民族的历史，就是各民族共同缔造、发展、巩固统一的伟大祖国的历史。"对中国古代各民族交流互融的探讨，有助于深入阐释习近平总书记重要讲话精神，深化对铸牢中华民族共同体意识学理内涵、现实意义的理解。中国古代北方民族交往交流交融系列丛书就是践行深入理解铸牢中华民族共同体意识的读物。

中国古代北方民族交往交流交融系列丛书主要面向广大普通读者，共有五个专题，分别为《多元一体——先秦时代的文化交流》《胡汉交融——汉魏时代的文化交流》《参天可汗——隋唐时代的文化交流》《华夷同风——辽金时代的文化交流》《长城内外——明清时代的文化交流》，均以中国古代北方民族交往交流交融的历史为主线，以中华文明发展历程、中华民族多元一体格局形成为核心，以典型的文物、文化遗址或代表性人物、事件等为主题，以点带面，详细记述了中国古代北方民族在发展历程中与中原交流互动的历史，力求生动呈现中国古代北方民族交往交流交融的史实，展现中华文明延续不断的历史基因、中华民族凝聚不散的历史密码和中华民族大团结的深邃思想与丰富实践。

编写该丛书，旨在帮助读者了解中国古代北方民族交往交流交融的历史发展脉络，认识中国古代北方民族的历史是中华民族发展史的重要组成部分，在构建中华民族多元一体格局中发挥了重要作用。

前　言

文化互动是人类永恒的主题，任何一支考古学文化在形成与发展的过程中，都会不可避免地与其他考古学文化进行交流和互动，进而形成了对彼此的影响。考古学文化之间的交流与互动，推动着社会的发展。考古学文化之间的互动研究，对于研究史前社会的形成与发展问题，以及探明中国古代文明起源的多元一体，有着积极作用和深远意义。[1]

以仰韶文化发掘为标志，到 2021 年 10 月，中国现代考古学整整经历了一百年。这一百年里，中国文明的起源和中国史前文明的脉络在专业的考古学背景下变得愈加明晰。这一百年里，最大的成就就是解开了中国早期的历史面纱。1990 年，中国社会科学院考古研究所成立了文明起源研究小组，探究不同时期文明礼制的形成。2000 年，王巍等学者又提出了开展中华文明探源工程研究的提议。百年考古，实证了中国五千多年文明史，绘出了中华文明多元一体发展格局的壮丽图景，展示了统一多民族国家形成和发展的伟大历史进程。

在我国北方地区，史前时期活动在这片区域的古代先民们就

---

[1] 申颖：《小河沿文化的演进及与其他考古学文化的关系研究》，硕士学位论文，辽宁师范大学，2021 年。

多元一体——先秦时代的文化交流

创造了丰富而灿烂的文化，这些人群所创造的文化既有自身鲜明的特色，同时又反映了与周围文化人群在相互交往交流过程中所形成的文化共同点。正是不同地区的人们在长期共处中形成了对彼此的接纳与认同，也逐渐形成了你中有我、我中有你的融合局面，为中华民族共同体的形成奠定了坚实的基础。

我国北方地区的古代文化遗存丰富，各个区域都留下了当时人们生产生活的痕迹。在这些遗存中，尤以西辽河地区的兴隆洼文化、红山文化、小河沿文化最能代表北方地区新石器时代的文化发展面貌，在广布于这片区域的文化遗存中，有大量的现象向我们展示了新石器时代的各个发展阶段与周围文化之间的互动。进入青铜时代，中原地区出现了以国家为主体的文化共同体，而在我国北方地区的早期青铜文化中，朱开沟文化和夏家店下层文化作为一东一西的代表，成为北方地区进入早期文明的实证。及至夏家店上层文化时期，我国的青铜时代已经发展至末期，社会大变革大发展的局面已经开始显现，偏居于北方地区的人群同样也融入了这个局面，为中华文化大家庭增添了浓墨重彩的一笔。

目录 CONTENTS

上编　新石器时代 / 001

　　一、兴隆洼文化 / 001

　　二、红山文化 / 037

　　三、小河沿文化 / 068

下编　青铜时代 / 108

　　一、朱开沟文化 / 108

　　二、夏家店下层文化 / 152

　　三、夏家店上层文化 / 185

后记 / 228

上编　新石器时代

一、兴隆洼文化

（一）兴隆洼文化的发现

兴隆洼文化因内蒙古敖汉旗兴隆洼遗址的发现、发掘而得名，典型遗址包括内蒙古敖汉旗兴隆洼[1]、兴隆沟[2]，林西县白音长汗[3]，巴林左旗金龟山[4]，克什克腾旗南台子[5]，辽宁阜新县查海[6]等。其分布范围西起潮白河流域，东至下辽河一带，南面直抵渤海岸边，北界可达大兴安岭南缘，西拉木伦河流域的赤峰市一带是其分布的重心地区。兴隆洼文化年代约为距今8200—7200年，

---

[1] 中国社会科学院考古研究所内蒙古工作队：《内蒙古敖汉旗兴隆洼遗址发掘简报》，《考古》1985年第10期。

[2] 中国社会科学院考古研究所内蒙古第一工作队：《内蒙古赤峰市兴隆沟聚落遗址2001—2003年的发掘》，《考古》2004年第7期。

[3] 内蒙古自治区文物考古研究所：《林西县白音长汗新石器时代遗址》，《中国考古学年鉴》（1989年），文物出版社，1990年，第132页。

[4] 徐光冀：《乌尔吉木伦河流域的三种史前文化》，《内蒙古文物考古文集》第一辑，中国大百科全书出版社，1994年，第83—86页。

[5] 内蒙古自治区文物考古研究所：《克什克腾旗南台子遗址发掘简报》，《内蒙古文物考古文集》第一辑，中国大百科全书出版社，1994年，第87—95页。

[6] 辽宁省文物考古研究所：《阜新查海新石器时代遗址试掘简报》，《辽海文物学刊》1988年第1期。

分为早、中、晚三个时期。

在西辽河流域，兴隆洼文化是继小河西文化之后出现的一支强劲的新石器时代考古学文化，奠定了西辽河流域在中国东北地区新石器时代文化发展的核心地位，对东北亚其他地区史前文化也产生了重要影响，也确立了西辽河流域与黄河流域新石器时代考古学文化并行发展、相互影响的历史根基。它在诸多方面都表现出了文化的先进性与发达性，从聚落形态来看，兴隆洼文化聚落可分为环壕聚落、非环壕聚落两类，聚落内包含居住区、墓葬区、祭祀区及烧窑区等部分[1]，居住区内房屋成排分布，门道方向大体一致。其中兴隆洼遗址是迄今为止唯一完整揭露出房址、围沟、灰坑等全部居住性遗迹的聚落，也是新石器时代居住遗迹整体保存最好、年代最早的典型聚落。它的布局形式，与全部房址围绕中心的分组环列形式有别，采取成排房址大体平行的多排横列式布局。这种以围沟环绕成排房址、最大房址位居中央的史前聚落形态，可称为"兴隆洼模式"。兴隆洼文化流行建造方形房屋，其建筑技术和房内布局也居于同时代前列。兴隆洼文化陶器形体较大，单间房址内往往会发现数量较多的陶器，且纹饰陶比例很高，与同时期的黄河中下游新石器文化相比大体居于首位，这反映了兴隆洼文化制陶技术的先进和先民精心制陶的一个侧面。[2] 兴隆洼文化发现了目前年代最早的真玉器，以玉玦和匕形器为典型器类，且次第向外传播，形成了东亚玦饰文化圈，对整个东亚

---

[1] 索秀芬：《兴隆洼文化聚落形态》，《边疆考古研究》第八辑，科学出版社，2009年，第14页。

[2] 任式楠：《兴隆洼文化的发现及其意义——兼与华北同时期的考古学文化相比较》，《考古》1994年第8期。

玉器的起源与发展均产生了重要影响。

燕山以北的大、小凌河及西拉木伦河流域是兴隆洼文化的主要分布区，其向西、向北可到达科尔沁沙地，阿仁艾勒[1]、西固仁忙哈[2]等遗址均采集到兴隆洼文化陶片。除上述区域外，也可将燕山以南的部分遗存纳入兴隆洼文化的范畴之内，如承德岔沟门、滦平药王庙梁[3]、迁西东寨[4]、迁西西寨[5]、上宅[6]、北埝头[7]、青池[8]等遗址均可见典型的兴隆洼文化陶器（图1-1），在北京密云

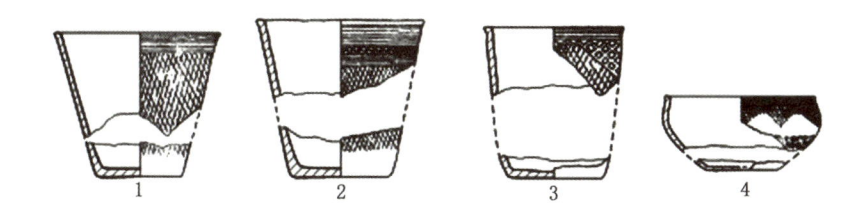

图1-1 承德岔沟门遗址出土的兴隆洼文化陶器

---

1 内蒙古自治区文物考古研究所、吉林大学边疆考古研究中心：《科尔沁左翼后旗阿仁艾勒遗址调查与遗存试析》，《草原文物》2011年第1期。

2 朱永刚、王立新：《敖恩套布和西固仁茫哈遗址复查与遗存辨析》，《边疆考古研究》第九辑，科学出版社，2010年，第325—342页。

3 滦平县博物馆：《河北滦平县药王庙梁遗址调查》，《考古》1998年第2期。

4 河北省文物研究所：《河北省迁安县东寨遗址发掘简报》，《文物春秋》1992年第S1期。

5 河北省文物研究所、唐山市文物管理处、迁西县文物管理所：《迁西西寨遗址1988年发掘报告》，《文物春秋》1992年第S1期。

6 北京市文物研究所、北京市平谷县文物管理所：《北京平谷上宅新石器时代遗址发掘简报》，《文物》1989年第8期。

7 北京市文物研究所、北京市平谷县文物管理所：《北京平谷北埝头新石器时代遗址调查与发掘》，《文物》1989年第8期。

8 天津博物馆：《天津蓟县青池遗址发掘报告》，《考古学报》2014年第2期。

南石城、怀柔喇叭沟门[1]等遗址中均可见到典型的兴隆洼文化陶器、石器，反映了兴隆洼文化广阔的分布地域及强大的文化影响力。

以上充分说明，在公元前6000—前5000年的中国北方，以辽西地区为核心分布区的兴隆洼文化，是当时中国北方极为强势的考古学文化之一。从现有的考古学材料可知，自其中期开始，兴隆洼文化便不断向外传播、扩散，在燕山以南的多个地区均可见典型的兴隆洼文化陶器，而燕山以北则基本不见其他文化陶器的传入。京津冀地区的上宅、北埝头、青池、东寨等遗址均可见典型的兴隆洼文化陶器（图1-2），京津地区作为兴隆洼文化南下的第一条通道清晰可辨；随着北福地遗址的发掘及其一期遗存的确认，北福地所在的太行山东麓地带，也是重要的文化交流与传播通道。通过以上路径，强势的兴隆洼文化自中期开始南下，

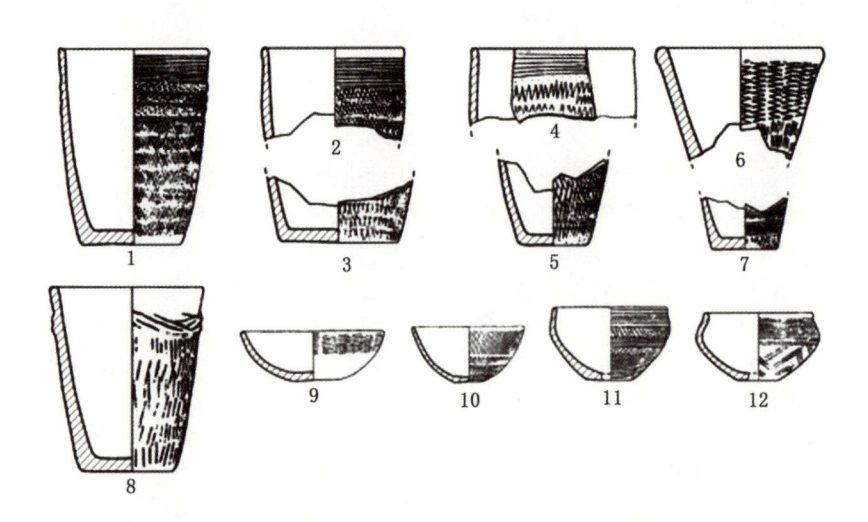

图1-2 迁西东寨遗址出土的兴隆洼文化陶器

---

1 北京市文物研究所：《北京考古四十年》，北京燕山出版社，1990年，第26页。

跨过京津，通过太行山东麓地带，对易水流域的北福地一期文化施加了重要影响，并在洵河流域同磁山文化形成交错之势，辽西地区的兴隆洼文化因素在太行山东麓北部地带表现明显，对此时期中国北方新石器时代的文化格局产生了重要的推动作用。

除向外传播自身的文化因素与影响外，兴隆洼文化在向周边地区扩散的同时，也催生了若干考古学文化的产生与发展，除辽西区后继的赵宝沟文化和红山文化，辽中区的新乐下层文化、辽东区的小珠山一期文化均是在继承兴隆洼文化因素的基础上发展起来的。除此以外，第二松花江流域的左家山下层文化中也能看到部分兴隆洼文化因素。这些发现进一步拓展了新石器时代早、中期的中国北方"筒形罐文化圈"的范围和内涵，对早期中国文化圈[1]的形成与发展产生了重要的推动作用，在中华文明起源和早期发展过程中具有关键性的意义。

（二）兴隆洼文化与其他文化的交流

1. 与北福地一期文化的关系

1976年，武安磁山遗址的发掘，确定了以夹砂褐陶盂和陶支脚为标志器物的磁山文化[2]，揭开了太行山东麓地带乃至黄河流域早期新石器文化探索的序幕。1981年，在河北容城上坡遗址首次发现了以盂（直腹盆）和支脚为特征的类似磁山文化的新石器时代遗存，有学者将其归入磁山文化系统。[3]1985年，在距上坡遗址50公里的易县北福地再次发现此类遗存，试掘中，确立了

---

1 韩建业：《论中国早期文化周期性的"分""合"现象》，《史林》2005年增刊。

2 河北省文物管理处、邯郸市文物保管所：《河北武安磁山遗址》，《考古学报》1981年第3期。

3 安志敏：《略论华北的早期新石器文化》，《考古》1984年第10期。

两种文化面貌相异的新石器时代遗存：一种以盂和支脚为典型器物，称北福地一期乙类遗存；另一种以釜和支脚为典型器物，称北福地一期甲类遗存。由于缺乏地层关系及测年证据，发掘者将二者作为同一时期的考古学文化，统称为北福地一期遗存。[1]1986年，在安新梁庄遗址中也发现了少量此类遗存。[2]

为进一步了解以上坡、北福地为代表的遗存的文化面貌，厘清其与磁山文化的关系，2003—2004年，河北省文物研究所对北福地遗址进行了大规模发掘，表明以直腹盆、支脚为特征的乙类遗存早于以釜、钵为特征的甲类遗存，二者属不同时期的两类遗存。通过对遗迹、遗物的分析，并同周边考古学文化进行比较，发掘者认为，分布于太行山东麓北部一带，以夹云母陶直腹盆和支脚为特征的新石器时代遗存，已经具有考古学文化的基本意义，可将其命名为北福地一期文化[3]。

目前已确定的北福地一期文化遗址集中分布在易水流域到白洋淀一带的保定地区北部，典型遗址有易县北福地、容城上坡、安新梁庄等，北福地遗址发掘面积最大、文化面貌最清晰，最具典型性与代表性。北福地一期文化遗迹主要有半地穴式房址、灰坑和祭祀场。出土遗物主要有石制品和陶器两大类，石制品主要为打制石器和磨制石器，以斧、铲数量最多，石耜最具特色，另外还有较多的细石器；陶器以夹云母直腹盆与支脚为特征，器类

---

[1] 拒马河考古队：《河北易县涞水流域古遗址试掘报告》，《考古学报》1988年第4期。

[2] 保定市文物管理所、安新县文化局、河北大学历史系：《河北安新县梁庄、留村新石器时代遗址试掘简报》，《考古》1990年第6期。

[3] 河北省文物研究所：《河北易县北福地史前遗址的发掘》，《考古》2005年第7期。河北省文物研究所、保定市文物管理所、易县文物保管所：《河北易县北福地新石器时代遗址发掘简报》，《文物》2006年第9期。

单调但很有特色。

据北福地遗址的碳 14 测年数据可知，北福地一期文化的绝对年代大约在公元前 6000—前 5000 年左右，与其南部的磁山文化、北方的兴隆洼文化年代相当。北福地一期文化与磁山文化有不少相似之处，代表二者文化内涵的典型器物是形制非常相似的陶盂和直腹盆，但二者也存在较明显的差异，如流行于磁山文化的有足石磨盘、深腹罐、双耳壶、三足钵等均不见于北福地一期文化。值得注意的是，北福地一期文化与燕山以南、以北地区的兴隆洼文化也有一些相近的文化因素，在陶器、玉石器和祭祀遗存中均有明显的体现，表现出了较为密切的文化交流与互动。厘清二者之间的交流与联系，对于了解此时期北方地区的文化格局具有重要的意义。

北福地一期文化陶器中，直腹盆占比在 90% 以上，却发现了几件兴隆洼文化的典型陶器——筒形罐。如在北福地遗址 F5 中发现 1 件筒形罐（F5:7），为夹云母黑褐陶，圆唇，口略内敛，斜直壁，小平底，沿下饰不规则平行线划纹。唇厚 0.6 厘米、口径 12.3 厘米、底径 6.9 厘米、通高 11.4 厘米、纹饰带宽 7.5 厘米。在北福地遗址的祭祀场中也发现了 2 件筒形罐，一件即 J:10，为夹云母黑褐陶，口沿下施不规则戳印平行线小坑点纹，纹饰带宽 1.1~5.6 厘米，唇厚 0.4 厘米、口径 8.7 厘米、通高 9.3 厘米、底径 6.3~7.2 厘米；口部向上，正置于灰褐色土层上，其下 3~4 厘米为生土层。另一件即 J:73，为夹砂灰褐陶，有灰黑斑，素面，唇厚 0.9 厘米、口径 12.1~13.6 厘米、通高 20.4 厘米、底径 10.4~11.8 厘米；底部近边缘处有一斜向穿孔，孔径 0.7 厘米；口部向东北方向倾斜近 45 度，斜置于生土面上。（图 1-3）

图 1-3　北福地遗址出土的筒形罐及之字纹陶片

在北福地一期文化遗存中，除发现筒形罐这类典型器物之外，从兴隆洼文化中期开始出现并流行的之字纹，此后一直是辽西地区新石器时代最具特色的陶器纹饰，在北福地一期文化遗存中也有发现。如北福地F12：8，夹细砂黑褐陶，内壁黑色，抹光，圆唇，敛口，鼓弧腹，下腹斜收，可能为小平底。口沿下施横排之字纹带，宽5.4厘米。其下腹部施短竖线压印纹，唇厚0.6厘米、口径16.6厘米、高10.5厘米；再如北福地F1：120，夹细砂黑褐陶，红褐色胎，内壁黑色，抹光，圆唇，敛口，器表施横向之字纹，唇厚0.7厘米、残宽2.6厘米、残高4.7厘米。此外，还在F1、T12、T4等单位中发现若干之字纹陶片，其中形体较大、纹饰清晰的有8片。

在陶器上，尽管北福地一期文化与磁山文化表现出了更多的相似性，但从聚落形态上来看，北福地一期文化的房址多为圆角方形，柱洞位于房址内侧（图1-4）。这与裴李岗文化、磁山文化多见圆形或不规则形房址，且柱洞一般位于房址以外的情况差别较大，而与燕山以北的兴隆洼文化房址极为相似。

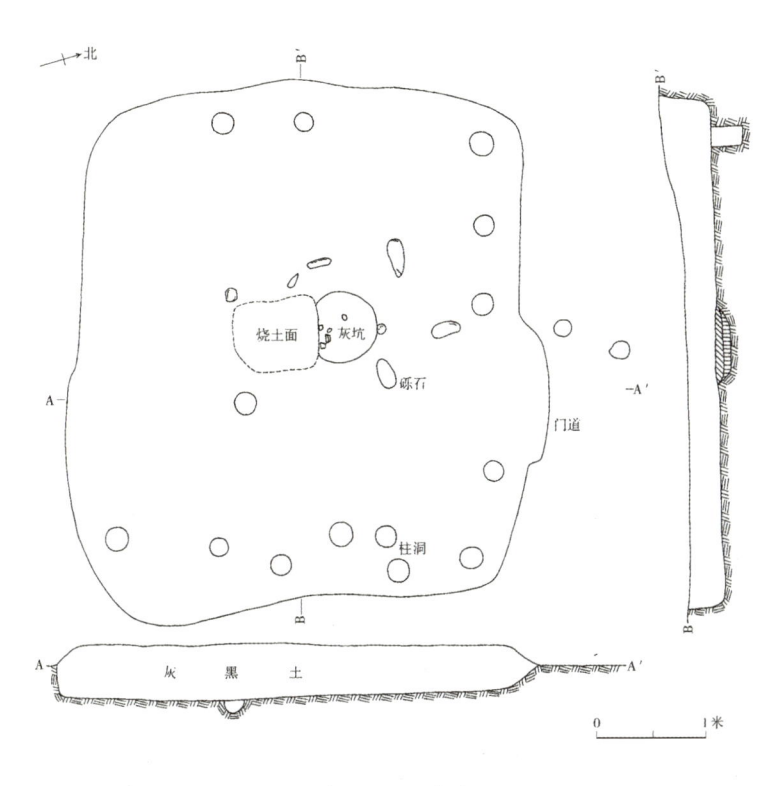

图 1-4 北福地遗址一期遗存 F1 平、剖面图

实际上，不论是磁山文化的盂，还是北福地一期文化的直腹盆，它们事实上也应是一种平底的筒形罐类。从这一意义上讲，兴隆洼文化、北福地一期文化和磁山文化在宏观上都应属于北方筒形罐文化区系统。[1] 北福地一期文化单调的器类、几何形刻划纹饰、无足石磨盘等浓厚的北方色彩也补充说明了这一点。

---

1 段宏振、张渭莲：《北福地与磁山——约公元前 6000—前 5000 年黄河下游地区史前文化的格局》，《文物》2006 年第 9 期。

北福地遗址还发现石碗1件，东寨、石佛梁、白音长汗也出土有石质容器，此石质容器属我国公元前5000多年以前的早期石器。[1]从陶器和石容器上均可看出此时期辽西地区与太行山东麓的密切联系。

新石器时代早、中期，玉器数量极少，从仰韶时代中、晚期开始，玉器被大量使用，成为中国考古学研究的重要内容之一。1992年在内蒙古敖汉旗兴隆洼遗址中，出土了用岫岩玉制成的玉玦、匕形器等，将我国雕琢、使用玉器的历史推进到距今8000年前后的新石器时代中期，开创中国史前用玉之先河。兴隆沟、查海、白音长汗等遗址也均有发现玉器。（图1-5）

图1-5 兴隆洼文化玉玦及匕形器

目前正式发掘出土的兴隆洼文化玉器总数已有100余件，皆为透闪石软玉，主要器类有玦、匕形器、弯条形器、管、斧、锛、凿等。玉玦是出土数量最多、最典型、最具影响力的玉器之一，大多是成对的，多发现于墓主人的耳部，应是作耳环使用。匕形

---

[1] 任式楠：《兴隆洼文化的发现及其意义——兼与华北同时期的考古学文化相比较》，《考古》1994年第8期。

器的出土数量仅次于玉玦，亦为兴隆洼文化玉器的典型器类之一，应是身上的挂饰或衣服上的坠饰，也可用作项饰。兴隆洼文化遗址出土了各类丰富的玉器，是同时期的裴李岗、磁山、大地湾、后李、彭头山等文化遗存望尘莫及的，新石器时代早期的文化遗存中，以兴隆洼文化的玉器传统最为突出。[1]

北福地一期文化中发现了少量的玉器，全部出于北福地遗址中，共8件，除房址中发现1件，其余皆出自祭祀场，包括玉玦4件、匕形器1件、饰件2件。（图1-6）

图1-6 北福地遗址出土的玉玦及匕形器

玉玦：T7③：11，绿色，断面近圆形，外径1.9厘米、内径1.1厘米、厚0.5厘米；J：7，淡绿色，外径2.8厘米、内径1.1厘米、厚0.4厘米，平置于生土面上；J：8，淡绿色，外径3.1厘米、内径1.3、厚0.4厘米，玦身齐整断裂，裂缝两侧各有一穿孔，孔径0.2厘米，平置于生土面上；J：24，灰白色，外径4.6厘米、内径2.2厘米、厚0.5厘米，平置于生土面上。

匕形器：J：87，灰白色，长条状，横断面呈弧形，刃部圆弧，

---

[1] 邓聪：《东亚玦饰四题》，《文物》2000年第2期。

顶端平直，有一穿孔，孔径0.6厘米。长9.6厘米、宽2厘米、厚0.25厘米。刃部稍下倾且朝向东北，略斜置于深褐色土层中，其下23厘米为生土面。

除北福地遗址外，兴隆洼文化风格的玉器在京津冀其他遗址中也有发现。1979年秋，天津宝坻县牛道口农民在烧砖取土时，发现一批石器和玉器。天津市历史博物馆考古队随即派员会同宝坻县文化馆的同志一起前往调查，并于1980年进行了抢救性发掘，揭露面积约200平方米，发现灰坑9个、墓葬27座。[1]

牛道口遗址共采集遗物16件，有石斧、石锛、玉玦及玉匕形器等。石斧共3件，其中完整者1件，斧身近长方形，通体磨光，顶窄，刃宽，两面略鼓，两侧磨平，各显出一对侧棱。顶部不甚规则且略薄，斜弧状刃甚为锋利。玉玦6件，按大小可分为3对，均为环状，断面外缘厚，内缘薄。玉匕形器4件，长条形，一面有浅槽，一端穿孔，另一端有弧形刃。（图1-7）

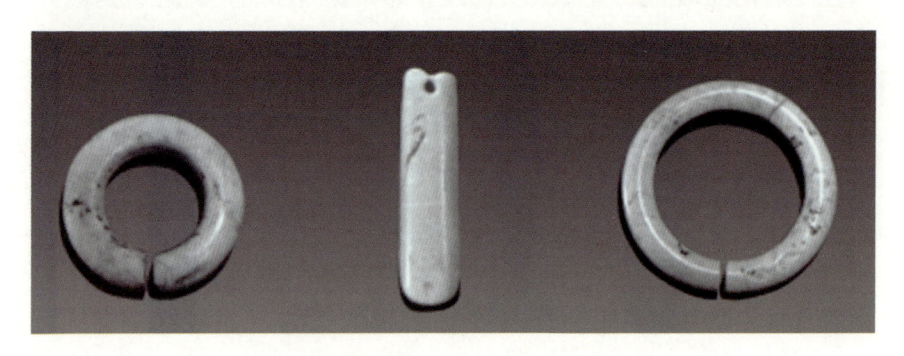

图1-7 宝坻牛道口遗址出土的玉玦及匕形器

---

[1] 天津市历史博物馆考古队、宝坻县文化馆：《天津宝坻县牛道口遗址调查发掘简报》，《考古》1991年第7期。

牛道口遗址现存最早的地层为龙山文化时期，没有发现更早的遗存，但考虑到该遗址文化层已被破坏殆尽，不排除遗址原有更早的文化层与遗迹的可能。从采集的玉、石器来看，玉玦、匕形器均是兴隆洼文化的典型器类，是兴隆洼文化主要的玉器组合；采集的两侧带平棱的石斧，是辽西地区赵宝沟文化的典型器物，但在兴隆洼文化晚期就已经出现，新近发掘的赤峰市翁牛特旗南湾子北遗址属兴隆洼文化晚期，该遗址房址中也出土了通体磨光、两侧带平棱的石斧。牛道口遗址的石斧、玉玦、玉匕形器可能均受到兴隆洼文化的影响。

承德博物馆内也藏有典型的兴隆洼文化玉玦、匕形器的组合，出自于承德避暑山庄西山石棺墓，此外还有一件与南湾子北遗址同类器十分近似的石铲，时代也为兴隆洼文化晚期。（图1-8）

图1-8 兴隆洼文化器物（承德博物馆藏）

兴隆洼文化玉器组合以玦饰为核心，还有各式各样的坠饰，如匕形器、弯条形器、管等。玦饰在我国东北起源后，次第向四周扩散。在距今8000—7000年间,玦饰范围突破辽海地区,进入海河平原及山东丘陵一带。值得注意的是,早期玦饰的扩散并非玦饰的单一传播,而是以玉器组合形式向四周扩散。从器型来看,在北福地遗址发现的圆环状玉玦及长条形匕形器与兴隆洼、兴隆沟、查海等遗址出土的同类器物十分相似。从玉器的材质来看,北福地遗址出土的几件玉玦,其中有呈黄绿色调的岫岩玉。此外,在天津宝坻牛道口遗址也发现了玉玦和匕形器,表面呈乳白色,仍可见局部斑状未受沁的黄绿色部分。[1]青池遗址也发现玉玦、人面等。兴隆洼文化最典型的器类——玉玦和匕形器在北福地一期文化祭祀场均有发现,且质料极可能为岫岩玉,应为兴隆洼文化直接传入。

北福地一期文化表现出了较为浓厚的祭祀与宗教色彩。在祭祀场发现的遗物中,以中小型陶直腹盆和各种不同类型的精制石器为主,磨制石器中有一件通体磨光的大型石耜,长达46厘米,可能为迄今为止发现的形体最大者,制作非常精致。数量最多的为石斧,共16件,其次为石铲,共12件,石铲以长条梯形和长梯形者为主,其次还有长方形石铲和有肩石铲等。石铲形体多扁薄,正锋,多舌形弧刃,两侧面圆弧,后剖面呈扁椭圆形(图1-9)。[2]兴隆洼文化查海遗址F46内出土了两件特大石铲,同样制作精细,未见使用痕迹,同其他的石铲形成鲜明的对比,应具有一定的祭祀和宗教意义。

---

[1] 邓聪:《兴隆洼文化玉器与植物宇宙观》,《赤峰学院学报》(汉文哲学社会科学版)2008年第S1期,第21—34页。

[2] 河北省文物研究所:《北福地——易水流域史前遗址》,文物出版社,2007年,第146页。

图 1-9　北福地遗址祭祀场出土的磨制石器

北福地遗址出土了大量所谓的"刻陶假面面具",共计 144 件,另发现一件利用薄石片制成的石面具(F12:4)(图 1-10)。大多是利用陶器腹片和底片刻镂成人面或兽面,并有穿孔,显然是作为装饰穿缀于纺织类材料上的,个体比较大的与人面差不多,小者 10 厘米左右,最小的只有 5 厘米左右。雕刻技法上属平面浅浮雕,为单面雕刻,具体技法有阳刻、阴刻、镂空相结合。图案内容的主要表现方式是逼真形象和变形抽象形象,内容主要有人面和兽面,其中可看出或大致看出的兽面种类有猪、猴、猫科动物等。大多数面具的形制大小如人面,且边缘部位有可穿绳佩戴的穿孔,应该是佩戴于人面部的假面面具。其功能可能是一种原始宗教或巫术用品,用于崇拜祭祀祖先或巫师实施巫术时的辅助用具[1]。

---

[1] 河北省文物研究所:《北福地——易水流域史前遗址》,文物出版社,2007 年,第 134、146 页。

多元一体——先秦时代的文化交流

图1-10 北福地遗址出土的刻陶假面

从目前已发表的考古资料看，辽西地区史前时期共发现人像近50件，是中国史前人像制作和使用传统最为发达的地区之一，不同时期人像的材质、大小及造型特征各有不同。兴隆洼文化遗存中的大型圆雕人像和小型人面像，前者均为石质，造型特征相近，头部及上身雕琢精细，尤其是面部特征清晰，下身雕琢简略，有的石人像下半部分被刻意打制成楔形，应是出于栽立的需要；小型人面像分为石质、蚌质、骨质三类，眼部大多刻划明显，为单圆或同心圆造型，也有的近似椭圆形。嘴部可见圆孔和长条形浅槽等形状，部分人面像未刻划嘴部（图1-11）。兴隆洼文化查海遗址出土的龙形堆石，即用红色石块摆塑而成，头朝西南，尾朝东北，整体造型呈昂首、张口、屈体、弓背状，通长19.7米。[1] 龙形堆石的南部分布有墓葬和祭祀坑，推测可能是查海遗址中的祭祀遗存。

从北福地遗址所在的位置以及磁山文化其他遗址的综合情况来看，这些祭祀遗存中相同和相似的文化现象显然是受到了

---

[1] 辽宁省文物考古研究所：《查海——新石器时代聚落遗址发掘报告》，文物出版社，2012年，第539页。

兴隆洼文化的影响。再考虑这些相似之处，大多表现在装饰和精神的层面，说明了磁山文化时期"北福地一期文化"（或太行山东麓地带北部）对兴隆洼文化（或燕山以北地区）精神文化的高度仰慕。[1]

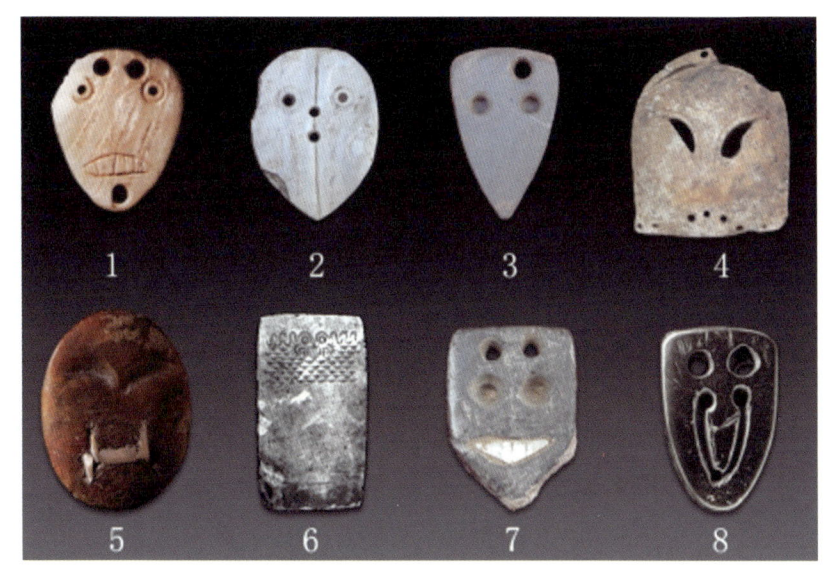

图1-11 兴隆洼文化的各类人面

新石器时代中期，中国北方的文化格局主要由三大文化系统构成，中西部是以三足器、圈足器、侈口深腹罐和壶为代表的裴李岗——老官台文化系统，东部是以圜底釜为代表器类的后李文化系统，北部及东北部是以筒形罐、直腹盆为代表的筒形罐系统。

北福地一期文化的确认使我们认识到筒形罐系统并非仅限

---

1 张弛：《〈北福地——易水流域史前遗址〉评介》，《文物》2008年第6期。

于燕辽地区和东北腹地，太行山东麓一度是其非常重要的分布地域。这一发现将筒形罐系统分布的前沿从燕山南北延伸至中原地区，从而使得新石器时代中期的筒形罐系统在角逐中原的格局中占据重要地位，甚至超越了后李文化的影响。此外，该类遗存的确认也使得筒形罐系统成为新石器时代北方地区的主流文化之一。磁山文化正是新石器时代中期筒形罐系统直接参与中原地区主流文化博弈的充分体现，它是文化交汇地带的南部前沿。

这一时期也是筒形罐系统直接参与中原文化格局的唯一时期，此后，随着东、西两大文化系统先后在中原地区的角逐中占据主导地位，筒形罐系统从此退出中原地区，其领地被压缩至燕辽地区，并逐步将空间拓展方向调整为东北腹地，其文化演变趋势也发生了改变。

这一阶段的筒形罐系统内部，可以划分为两大区域性文化支系：一是燕辽地区以小河西文化、兴隆洼文化为代表的深腹罐支系，二是太行山东麓以北福地一期文化为代表的浅腹盆支系。此二者大体以燕山南麓为界，并存在一定的文化交流，如兴隆洼文化筒形罐形制逐步趋矮，可能与后者的浅腹直腹盆的影响有关，而北福地一期文化中的之字纹筒形罐显然应该来自兴隆洼文化。由于地缘位置，这一阶段代表筒形罐系统的，或与其他系统直接接触的主要是北福地一期文化，从而形成了地域和内涵均具有过渡性色彩的磁山文化，而远在燕辽地区的兴隆洼文化等并未受到其他系统直接的、大规模的冲击，内涵单调、缺乏变化是兴隆洼文化给人的总体印象。所以这一阶段，特别是兴隆洼文化早中期，也是燕辽地区筒形罐系统内涵最为一致、格局最为稳定的时期。[1]

2. 与京津地区青池类遗存的关系

在京津地区，较早发现与兴隆洼文化相关遗存的是北京平谷上宅遗址[2]。上宅遗址位于北京市平谷区，其第8层为上宅第一期遗存，共出土陶片89片，多为夹砂红褐陶，陶胎内羼有数量不等的滑石粉颗粒，多见弦纹+压印篦点纹+压印网纹的三段式布局，筒形罐为主要器类。其中陶片T0907⑧：2和T1206⑧：2可见典型的兴隆洼文化三段式纹饰，口沿下施数道凹弦纹，其下为一周压印篦点纹的附加堆纹凸泥带，腹部主体为不甚规则的斜线交叉网纹。另一件陶片T1206⑧：3口沿下为数道凹弦纹，无附加堆纹凸泥带，腹部为网格纹，也是兴隆洼文化的常见纹饰组合。

青池遗址[3]位于天津蓟州区，新石器时代遗存分马头山坡和山顶两部分，山坡部分堆积可分9层，按出土器物的不同可划分为第一、第二期。上宅遗址一期遗存中的筒形罐与青池一期的筒形罐相同，这一期的器物由兴隆洼文化和北福地一期文化两种因素构成。兴隆洼文化因素以筒形罐为代表，另有少量碗、钵等器物。纹饰多为三段式或二段式布局，另有少量窝点纹和松散的之字纹等。北福地一期文化因素以直腹平底盆和支脚为代表。盆的数量较多，陶胎内夹云母屑，纹饰主要是刻划纹构成的不同图案。在第6层中可见支脚残片，其中采集到一件兽首形支脚（97采：

---

[1] 闫亚林：《新石器时代黄河流域文化格局的变迁与筒形罐系统的文化趋势》，《中原文物》2010年第3期。

[2] 北京市文物研究所、北京市平谷县文物管理所：《北京平谷上宅新石器时代遗址发掘简报》，《文物》1989年第8期。

[3] 天津博物馆：《天津蓟县青池遗址发掘报告》，《考古学报》2014年第2期。

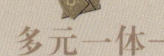

15），与北福地一期文化的支脚接近。在青池一期遗存中，兴隆洼文化因素占有较大比重，北福地一期文化因素也较为鲜明突出。

  青池一期遗存中的筒形罐具有兴隆洼文化的基本特征而又略有变化，多数为厚唇、厚胎，少数为尖圆唇，腹壁多斜直，部分有上腹微侈或下腹急收以及腹部微鼓等特点。纹饰有弦纹、泥条附加堆纹、划纹、压印纹等多种，多数采用三段式或二段式纹饰布局。前者是在口沿下饰数周弦纹，然后是一周花纹带，花纹带通常呈附加堆纹状凸起，压印或刻划不同花纹，花纹带下遍饰斜线网格纹。后者在口沿下饰一周麻花状的凸弦纹或数道弦纹，下面遍布双线曲折划纹或网格纹（图1-12）。具有相似器型和纹饰的筒形罐在敖汉旗兴隆洼、阜新查海、林西白音长汗、迁西东寨等兴隆洼文化遗址中常见。

  青池二期早段（G1第5层）出土有石筒形罐残片，即2件口沿和1件罐底残片，见于东寨、白音长汗、滦平药王庙梁和石佛梁等遗址，皆属兴隆洼文化遗存。厚胎、厚唇的陶筒形罐在青池二期遗存中仍居于核心地位，其纹饰有一期的弦纹、附加堆纹、划纹、压印纹等多种元素，以及多采用三段式或二段式等不同布局形式，一律为横压竖排和竖压横排的之字纹，细密工整，风格与青池一期迥异，在燕山南北不同考古学文化的筒形罐中独树一帜。整齐排列的之字纹最早出现于白音长汗的兴隆洼文化晚期遗存，厚胎、厚唇的特点也无二致，显示出二者不同寻常的关系。别具一格的之字纹筒形罐，绞云纹和之字纹平底钵、圈足钵、豆以及弦纹盆、之字纹盆、鸟首形支脚等一系列陶器，构成青池一期之后的又一群"具有明确特征的类型品"，这些器物部分承袭青池一期的兴隆洼文化因素，内涵更加丰富，文化面貌更具特色。

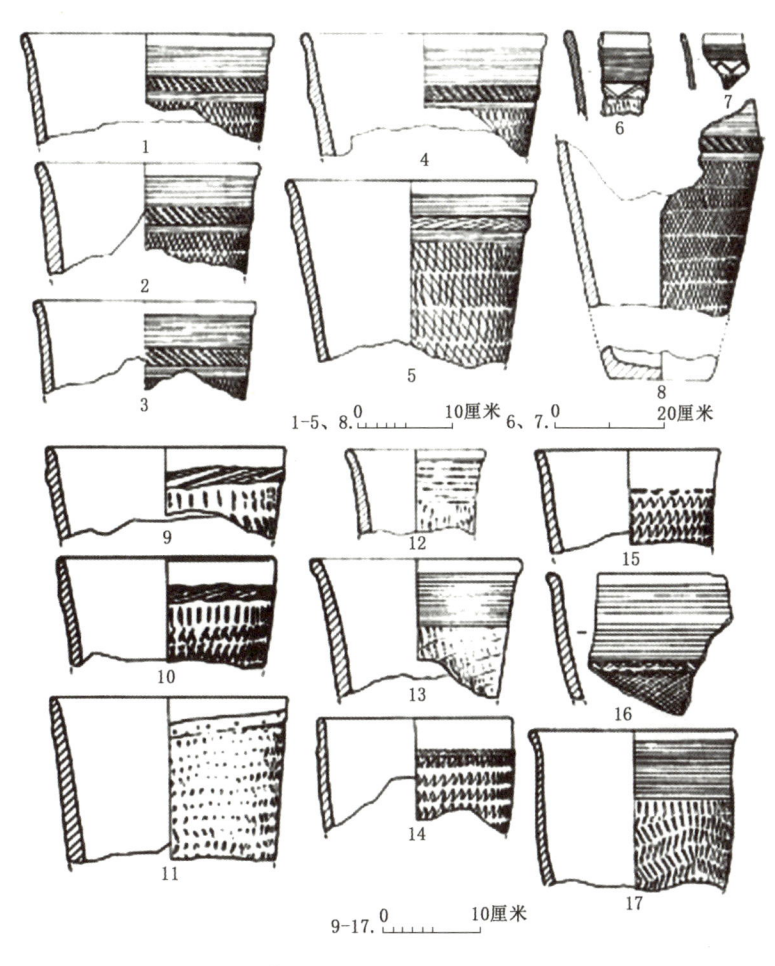

图1-12 青池遗址出土的兴隆洼文化陶器

类似的遗存在三河市孟各庄遗址[1]也有发现。孟各庄遗址位于洵河东岸,东北距上宅遗址约25公里。与上宅一期相同的筒形罐见于孟各庄遗址第三层,以标本T12③:23为代表,为筒

---

[1] 河北省文物管理处、廊坊地区文化局:《河北三河县孟各庄遗址》,《考古》1983年第5期。

形罐口沿残片，厚唇，采用三段式纹饰布局。孟各庄一期甲类遗存器物与青池一期遗存性质相同，也是由以筒形罐为代表的兴隆洼文化和以直腹盆、支脚为代表的北福地一期文化两种因素构成。

上宅一期遗存未见直腹盆与支脚，与青池一期、孟各庄一期器物群略有差别，可能是由于出土器物过少、器类不全所致，但其陶器厚胎、厚唇的特点，与青池一期、孟各庄一期陶器特点较相近，而与兴隆洼文化筒形罐相异。此外，上宅一期虽不见属于北福地一期文化的盆和支脚，但上宅二期出土的鸟首形镂孔器，从造型和纹饰看，应是源自北福地一期和青池一期的兽首形支脚。这表明上宅一期在器物的具体特征和遗存的具体内涵方面，都与青池一期、孟各庄一期具有较多的相似之处，应属于主要分布于沟河沿线的一类独立的文化遗存，可称之为青池一期文化。

青池一期文化由兴隆洼文化和北福地一期文化两种因素构成，这两种文化因素分属不同谱系。以筒形罐为标志性器物的兴隆洼文化主要分布在燕山以北的燕辽地区，滦河流域的东寨类型是其最南的分布区。北福地一期文化以直腹盆和支脚组成复合式炊器为标志性器物，和以盂、支脚组成复合式炊器的磁山文化属同一谱系，分处太行山东麓北、南两侧。北福地一期文化的典型遗址除易县北福地外，还有安新梁庄、容城上坡等，廊坊北旺是距离青池、上宅遗址最近的一个点。兴隆洼文化和北福地一期文化在燕山南麓的沟河一带交汇，前沿地带居民友好相处，并且在一起生产和生活，形成了青池一期文化为代表的混合型文化遗存，显示出古文化之间的兼容性。[1]

---

[1] 韩嘉谷：《论上宅新石器遗存的考古学文化定位》，《北京文博文丛》第三辑，2014年。

3. 与辽东半岛小珠山一期文化的关系

小珠山一期文化的发现，可追溯到20世纪50年代在长海群岛发现的压印之字纹和席纹的早期文化遗存。[1]1978年，辽宁省博物馆等对广鹿岛和大长山岛进行考古发掘时，在柳条沟东山、小珠山等遗址发现小珠山一期文化的遗迹遗物。[2]栾丰实较早地把小珠山第一期文化具体划分为第一期和第二期两个发展阶段。[3]进入21世纪，中国社会科学院考古研究所等单位对长海诸岛进行了考古调查和发掘工作，对小珠山遗址进行了再次发掘，根据地层关系，结合文化内涵，将小珠山下层文化细化为小珠山一期文化和小珠山二期文化。[4]2012年又发掘了广鹿岛门后遗址，这是一处典型的贝丘遗址，该遗址堆积丰富，但文化内涵单纯。陶器类除1件碗外，其余皆为筒形罐。陶器纹饰以压印之字纹为主，从其文化内涵来看，应是代表了迄今为止辽东半岛最早的新石器时代考古学文化[5]。

小珠山一期文化陶器以夹滑石红褐陶为主，极少量夹滑石黑褐陶和夹砂红褐陶，纹饰以压印之字纹为主，之字纹排列紧密、

---

[1] 许明纲：《旅大市金县发现新石器时代遗址》，《考古》1960年第2期。旅顺博物馆：《旅大市长海县新石器时代贝丘遗址调查》，《考古》1961年第12期。旅顺博物馆：《旅大市长海县新石器时代贝丘遗址调查》，《考古》1962年第7期。

[2] 辽宁省博物馆、旅顺博物馆、长海县文化馆：《长海县广鹿岛大长山岛贝丘遗址》，《考古学报》1981年第1期。

[3] 栾丰实：《辽东半岛南部地区的原始文化》，《海岱地区考古研究》，山东大学出版社，1997年。

[4] 中国社会科学院考古研究所、辽宁省文物考古研究所、大连市文物考古研究所：《辽宁长海县小珠山新石器时代遗址发掘简报》，《考古》2009年第5期。

[5] 大连市文物考古研究所、辽宁师范大学历史文化旅游学院：《辽宁长海县门后新石器时代遗址的发掘》，《考古》2017年第8期。

规则，有少量席纹，鲜见复合纹饰，器型基本是筒形罐的一种，直口或微敛口、圆唇、平底，口径一般较大，应是小珠山一期文化早段的特征。（图 1-13）

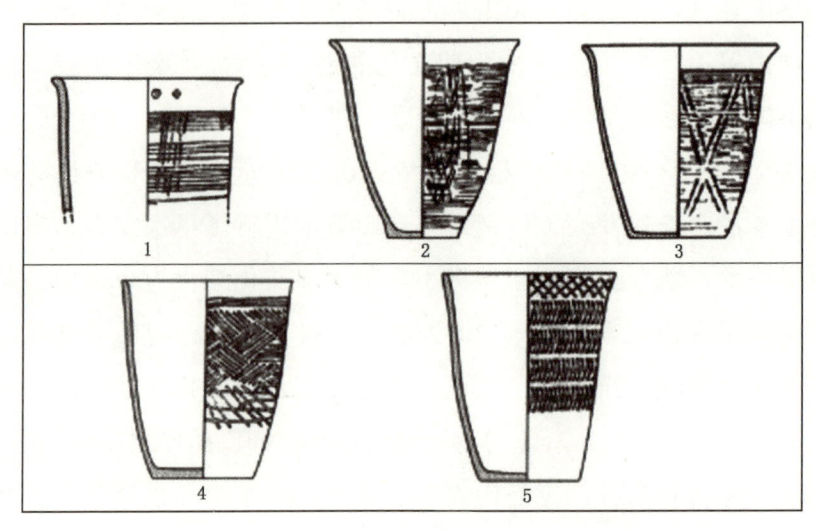

图 1-13　小珠山下层文化侈口筒形罐[1]

压印之字纹筒形罐在辽东半岛无源可寻，其源头只能去辽西地区寻找。小河西文化是辽西地区已知年代最早的新石器时代考古学文化，兴隆洼文化是其后继者，并进一步发展壮大。兴隆洼文化之后，有几支代表性考古学文化分别在西辽河流域、下辽河流域、东辽河和第二松花江流域以及辽东半岛南部和鸭绿江下游形成了势力范围，分别为赵宝沟文化、新乐下层文化、左家山一期文化和小珠山一期文化。小珠山一期文化与新乐下层文化、赵宝沟文化、左家山一期文化有一定的相似之处，但也有较大区别。

---

[1] 毕德广、乌云花：《小珠山下层文化的分期与类型》，《北方民族考古》第一辑，科学出版社，2014 年。

新乐下层文化与小珠山一期文化相距最近，二者相同因素较多，但区别也很明显，它们应为并存但略有早晚的两支考古学文化，均与兴隆洼文化有亲缘关系。小珠山一期文化的压印之字纹筒形罐的源头是兴隆洼文化，但在发展过程中曾受到新乐下层文化的一定影响。

兴隆洼文化晚期盛行筒形罐，流行竖压横排之字纹，之字纹规整，单一纹饰遍施器身，器表颜色以褐色为主，有的陶质羼有大量的滑石颗粒和云母等，正是小珠山一期文化早段的陶器特征，因此兴隆洼文化应是小珠山一期文化的重要源头。有研究者注意到了小珠山下层文化和兴隆洼文化晚期陶器的密切关系，如小珠山78T3⑤：23筒形罐与兴隆洼F123④：79、查海F5:1筒形罐的带状纹饰布局和纹饰形态相似，如果将兴隆洼F123④：79筒形罐和查海F5:1筒形罐上部四分之一去掉，余下部分的形制与小珠山78T3⑤：23筒形罐形制相同，[1]这一发现极有见地。从现有考古资料可知，兴隆洼文化时期已经出现有近直口、器身满饰压印之字纹的筒形罐，而且有研究者在对迁西东寨和西寨筒形罐进行分段分组排序时，发现筒形罐从早至晚的基本发展趋势是从敞口到侈口，乃至直口，[2]这一发展趋势正与小珠山一期文化早段筒形罐特征吻合。基于此，小珠山一期文化应源于兴隆洼文化。

小珠山一期文化的年代同赵宝沟文化、新乐下层文化的年代大致相同，其共有的渊源是兴隆洼文化。单从文化特征看，新乐下层文化与兴隆洼文化的亲缘关系要强于赵宝沟文化，赵宝沟文

1　刘伟：《小珠山下层文化新论》，硕士学位论文，吉林大学，2011年。
2　霍东峰：《环渤海地区新石器时代考古学文化研究》，博士学位论文，吉林大学，2010年，第219—220页。

化与兴隆洼文化的亲缘关系要强于小珠山一期文化。从这一点来说，新乐下层文化的年代应比赵宝沟文化和小珠山一期文化略早，它应是兴隆洼文化晚期东向发展过程中异变而成的一种新的考古学文化。赵宝沟文化的来源既有辽西地区的兴隆洼文化，也有燕南滦河流域与兴隆洼文化并行的考古学文化。小珠山一期文化与赵宝沟文化筒形罐在形态和纹饰上的共性，更能说明这两支考古学文化是在兴隆洼文化衰落后，在其影响下并行产生发展起来的。也就是说，新乐下层文化之所以与兴隆洼文化有亲缘关系，可能是因为它主要源于兴隆洼文化，而赵宝沟文化和小珠山一期文化则是吸纳了兴隆洼文化的部分因素。

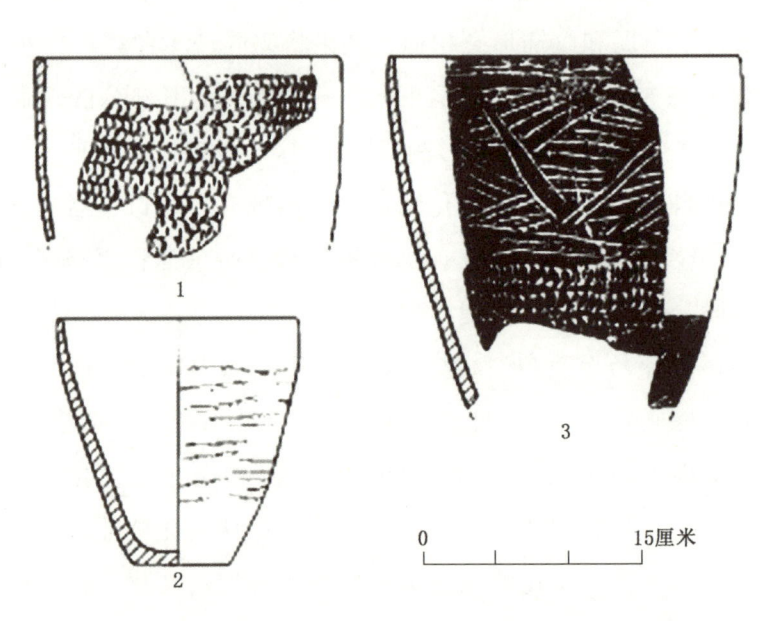

图 1-14 小珠山遗址出土的小珠山一期文化陶器

从文化因素的角度来看，小珠山一期文化内涵较为单纯，陶器几乎全为筒形罐，不见其他文化因素，此类筒形罐的压印之字纹与压印席纹均源于兴隆洼文化，这是兴隆洼文化传播到辽东半岛、融入当地文化因素而形成的具有地方特色的考古学文化（图1-14）。从兴隆洼文化晚期开始流行的之字纹筒形罐，在赵宝沟文化、富河文化、新乐下层文化和小珠山一期文化中成为一种时尚，并以竖压横排的之字纹最具特色，显示出它们具有共同文化亲缘关系。

4. 与下辽河流域新乐下层文化的关系

1973年6月，沈阳市文物管理办公室对北陵附近地区做了一次调查，在五个地点发现有文化堆积，初步了解这里存在两种文化类型，并在新乐工厂宿舍院内找到了两种文化叠压关系的地层。10月中下旬，对新乐遗址进行了第一次试掘，出土较为丰富的陶器和石器。[1]

1978年，沈阳市文物管理办公室和沈阳故宫博物馆对新乐遗址进行了第二次发掘，清理大房址1座，包含遗物540余件，其中陶器40余件。[2]1980—1982年，沈阳新乐遗址博物馆、沈阳市文物管理办公室等对新乐遗址进行了三次抢救性发掘，清理下层文化房址4座，获得了确切的地层关系和丰富的遗物。[3]

2014年5—10月，为补充新乐遗址考古发掘报告所需资料，

---

[1] 沈阳市文物管理办公室：《沈阳新乐遗址试掘报告》，《考古学报》1978年第4期。

[2] 沈阳市文物管理办公室、沈阳故宫博物馆：《沈阳新乐遗址第二次发掘报告》，《考古学报》1985年第2期。

[3] 沈阳新乐遗址博物馆、沈阳市文物管理办公室：《辽宁沈阳新乐遗址抢救清理发掘简报》，《考古》1990年第11期。

进一步了解新乐下层文化的聚落形态及文化面貌，沈阳市文物考古研究所联合沈阳新乐遗址博物馆再次对遗址进行了发掘。发掘的新乐下层文化遗存包括第 4 层、3 座房址和 1 个灰坑，出土了大量的夹砂陶片。陶器以夹砂红褐陶为主，器型主要为筒形罐，纹饰以压印之字纹为主，有少量弦纹、篦点纹（图 1-15）。也出土有少量石器和煤精制品，石器主要有打制的刮削器、敲砸器、网坠及磨制的磨盘、磨棒等。

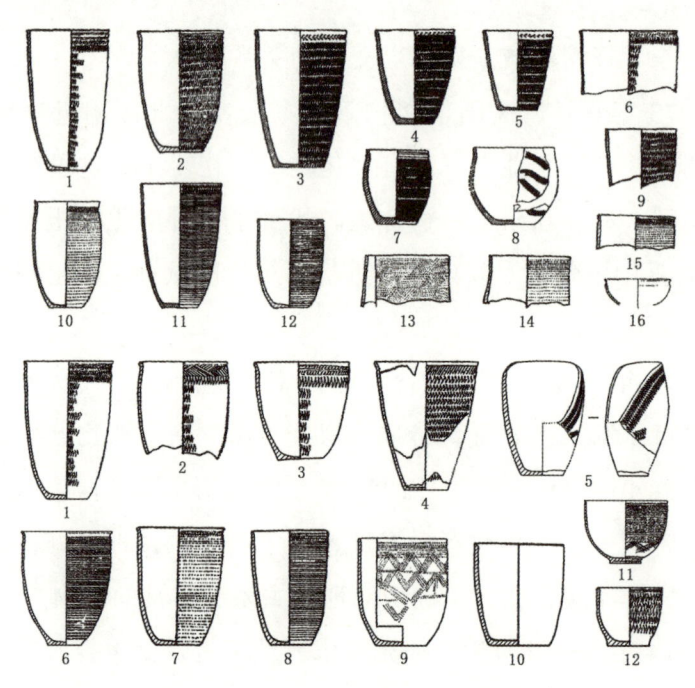

图 1-15 新乐下层文化部分陶器[1]

新乐下层文化房址平面有方形、长方形两种，按面积可分为大、中、小三类，以小型房址居多，面积最大者约 140 平方米。

---

[1] 赵宾福、杜战伟：《新乐下层文化的分期与年代》，《文物》2011 年第 3 期。

室内有凹坑式灶，有单灶、双灶和三灶三种。陶器以夹砂红褐陶为主，少见泥质陶和夹滑石陶，主要为深腹筒形罐，另有少量斜口器、高足钵和深腹罐。纹饰主要为压印之字纹、压印弦纹，另有压印篦点组成的几何纹、弦纹、席纹和菱形纹等。压印之字纹一般为竖压横排，少数为横压竖排和竖压横排相结合，一般通体满施纹饰，造型规整。新乐下层文化深腹罐口沿下有一或两周凹带纹装饰，其上有人字纹和斜线纹，颇具特点。陶器采用泥圈套接和泥片贴塑技术。石器有大量细石器、打制石器和磨制石器等。在新乐下层文化遗存中，鸟形木雕艺术品是重要发现。根据碳十四测年数据，新乐下层文化的年代约为距今7200—6800年。新乐下层文化与兴隆洼文化关系密切，从具体情况来看，其与兴隆洼文化查海类型晚期在文化特征存在一定的相似性，继承关系明显。新乐遗址出土有与小珠山一期文化形制和纹饰相似的筒形罐，表明二者应该共存过一段时间。（图1-16）

据沈阳市第三次全国文物普查的资料显示，新乐下层文化的分布地域有限，发现的遗址较少，除沈阳新乐和新民高台山外，典型的文化遗存少见。新乐下层文化直接源于兴隆洼文化，其早期年代与兴隆洼文化晚期年代相当，后者陶器的许多特征在新乐下层文化陶器上也有所体现，如新乐下层文化陶器的之字纹直接源于兴隆洼文化晚期，弦纹罐特征也与兴隆洼文化陶器口沿下流行的数周凹弦纹近似。席纹为兴隆洼文化的典型纹饰，在新乐下层文化中也有较多的发现。新乐下层文化与兴隆洼文化查海类型晚期遗存之间的关系密切，二者地域接近，从房址面积、形状、灶址、陶器形制和纹饰等方面来看，二者具有很多的相似特征。这说明，兴隆洼文化中、晚期已经越过辽河到达浑河流域，在其自身发展过程中形成了地域特征明显的新乐下层文化。

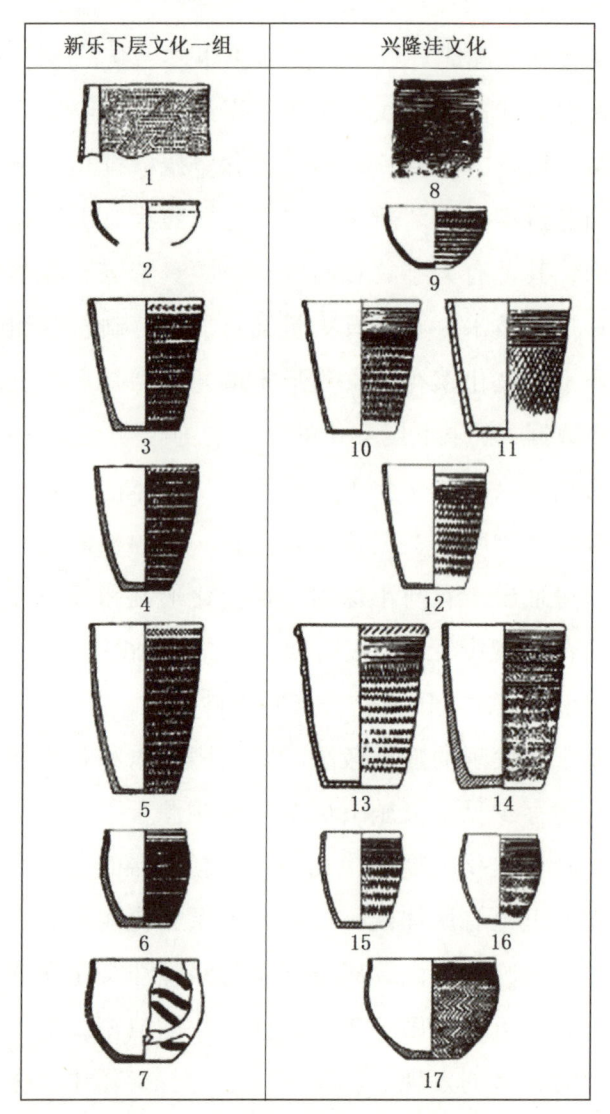

图 1-16　新乐下层文化陶器与兴隆洼文化陶器[1]

1　赵宾福、杜战伟：《新乐下层文化的分期与年代》，《文物》2011年第3期。

5.与第二松花江流域左家山遗存的关系

左家山遗址位于吉林省农安县城东北约4公里的伊通河二阶台地上，南距伊通河约50米，北距城郊区两家子村高家屯约500米。该遗址高出河面约20米，南北宽约30米，东西长约40米，总面积约1200平方米。1984年，吉林大学考古专业师生对该遗址进行调查，并于次年春进行了发掘，发掘面积约400平方米，共发现房址1座，烧土遗迹2处，灰坑20个，出土一批陶、石、骨器以及大量的蚌壳、鱼骨、动物骨骼等。2015年8—10月，吉林大学边疆考古研究中心、吉林省文物考古研究所、长春市文物保护研究所和农安县文物管理所联合再次对左家山遗址进行了发掘，揭露面积共485平方米。

左家山下层文化主要分布在第二松花江流域，陶器以夹砂灰褐陶为主，其次为夹蚌黄褐陶，烧制温度较高。筒形罐一般口大底小，底部转弯处抹圆。陶器纹饰多样，一般占器身面积的一半左右，以刻划纹和戳压纹为主，除少数带状复合纹饰外，大多数是由一种纹饰构成的横向平行纹带和阶梯纹带。刻划纹包括菱形纹、弦纹、席纹、平行线纹、人字形纹等，戳压纹有连点线纹、之字纹、篦点之字纹，器型主要有鼓腹罐、筒形罐、钵、斜口器等，以筒形罐数量最多。（图1-17）

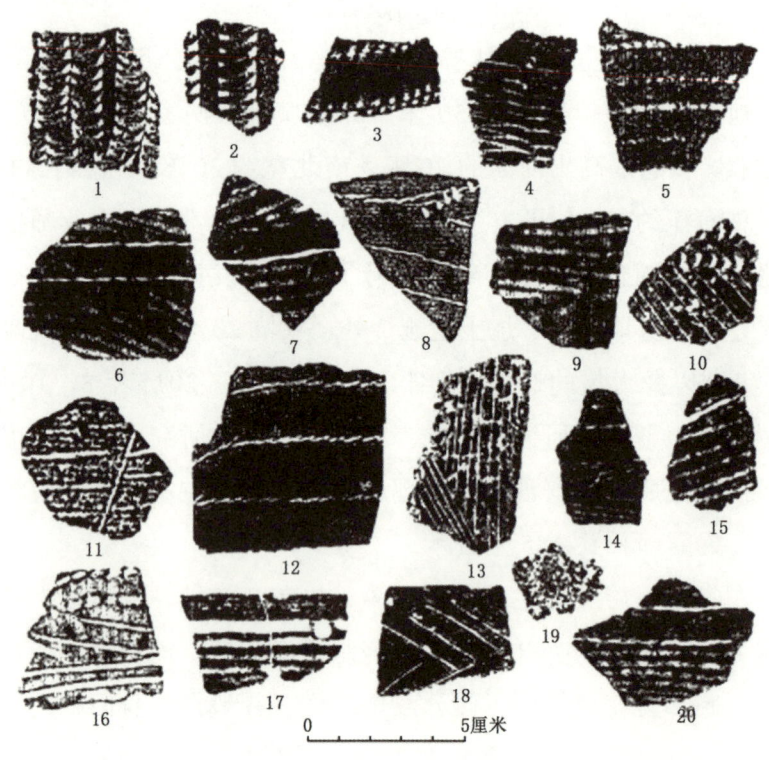

图 1-17　2015 年在左家山遗址发掘的部分陶器纹饰拓片 [1]

左家山下层文化的部分特征与兴隆洼文化也有一定的相似性。例如，二者均存在下饰"竖压横带"之字纹、上饰以刻划弦纹为底纹的复合纹饰，兴隆洼 F180 ④：6 所饰席纹在左家山下层文化早段筒形罐上亦有发现。不同的是，左家山下层文化早段不见兴隆洼文化晚期常见的"横压竖带"与"竖压横带"复合之字纹，晚段出现的"横划竖带"与"竖压横带"复合之字纹均不

---

[1] 段天璟、王义学、王春雪：《吉林农安县左家山遗址新石器时代遗存2015年发掘简报》，《考古》2018 年第 2 期。

032

见于兴隆洼文化和赵宝沟文化，此类纹饰可能为左家山下层文化在赵宝沟文化横压竖带之字纹影响下的创新（图1-18）。目前，左家山下层文化主要来源仍不明确，其形成过程中吸收了兴隆洼文化的部分因素，压印之字纹源头应是兴隆洼文化，但阶梯状纹饰不是辽西地区的文化因素，其主源应是来自其以北的文化因素。

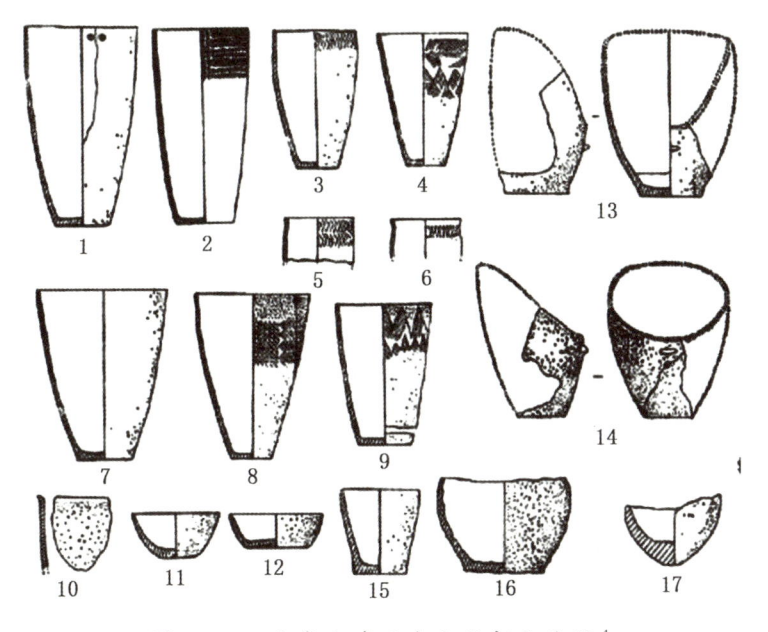

图1-18 左家山遗址出土的部分陶器[1]

（三）小结

作为中国北方新石器时代中期的一支著名考古学文化，兴隆洼文化在整个东北亚地区都有重要影响。兴隆洼遗址于1982年被发现，1983—1993年，中国社会科学院考古研究所对其进行了全面揭露，并于1985年正式提出了"兴隆洼文化"的命名。

---

[1] 赵宾福、于怀石：《左家山下层文化初探》，《边疆考古研究》2016年第1期。

兴隆洼遗址一期聚落是国内首个完整揭露出房址、灰坑、环壕等全部居住性遗迹的聚落，堪称"华夏第一村"。环壕内房址成排分布、最大房址居于中心位置的聚落结构，可称为"兴隆洼聚落模式"[1]，被其后的赵宝沟文化、红山文化继承。兴隆洼文化流行居室葬，即将死者埋葬在居住的房屋内。1992年首次在兴隆洼遗址F176的居室墓M117中发现了用岫岩透闪石玉制成的玉玦，开中国雕琢、使用玉器之先河，不仅为红山文化玉器找到了直接源头，对整个东亚玉器的起源与发展也产生了重要的推动作用。兴隆洼遗址M118的人猪合葬、查海遗址的龙形堆石，反映了兴隆洼先民祖先崇拜、动物崇拜的观念，尤其是兴隆沟遗址H35底部摆放的真实猪首及用陶片、自然石块和残石器组成的S形躯体，代表了当时人心目中的猪龙形象，具有宗教祭祀的意义，这也是中国目前能确认的最早的猪首龙形象，对研究龙的起源及崇龙礼俗的形成具有重要意义。2001年对兴隆沟遗址进行发掘时，发现了大量的碳化黍遗存，奠定了兴隆洼文化在全球旱作农业起源研究中的地位。

兴隆洼—赵宝沟文化时期，燕山南北地区表现出了较强的文化一致性，尽管始终受到来自南方、东方文化因素的影响，但燕山以南广大区域内的多处遗址，包括上宅、北埝头、青池、岔沟门、东寨、西寨、孟各庄等，仍表现出了与燕山以北极为相近的文化因素与内涵（图1-19）。其中岔沟门、东寨、青池三处遗址的年代较早，包含兴隆洼文化早、中期遗存，其他遗址均为兴隆洼文化晚期及以后。诸多遗址中，西寨遗址较为特殊，对于了解燕

---

[1] 中国社会科学院考古研究所内蒙古工作队：《内蒙古敖汉旗兴隆洼聚落遗址1992年发掘简报》，《考古》1997年第1期。

山以南的兴隆洼文化晚期社会具有很强的指示意义。

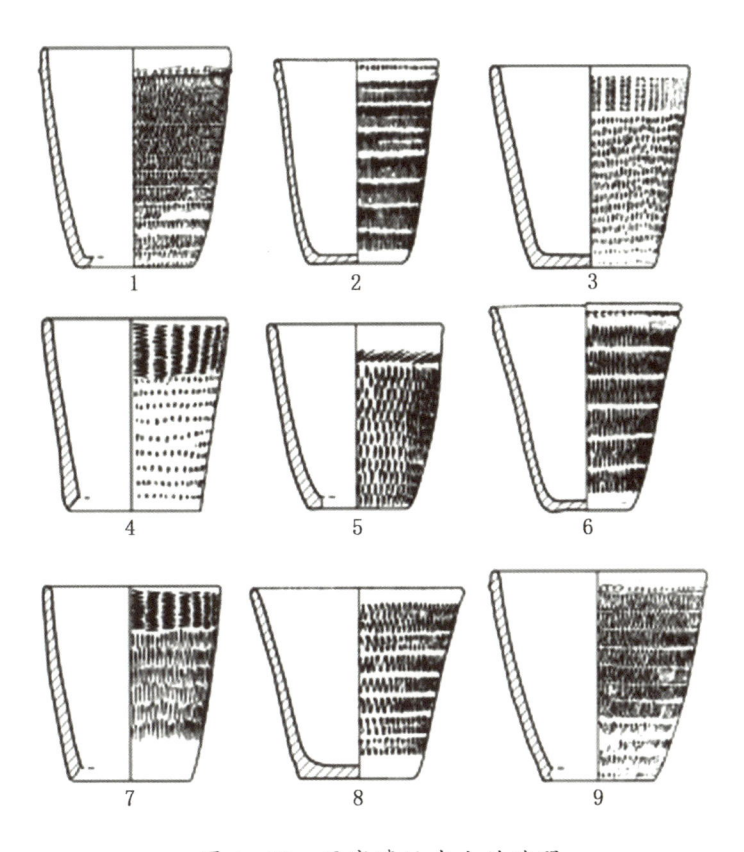

图1-19 西寨遗址出土的陶器

兴隆洼文化时期社会复杂化已经有了一定的发展，分层与分化已然出现。一是聚落中心房址面积大，居住在其中的家庭和个人占有很高地位。兴隆洼遗址和南台子遗址均发现中心房址，其位置显要，面积明显大于其他房址，表明很可能存在拥有更高权力和威望的家庭和个人，他们以某种方式领导或凝聚整个聚落。二是墓葬表现出一定的差异，如兴隆洼遗址、兴隆沟遗址和查海遗址的居室葬，说明少数人物因生前具有特殊的社会地位，或死因特殊，死后被埋在室内，成为生者崇拜、祭祀的对象。白音长汗积石墓的墓主人就可能是因为其特殊的社会地位而享受到特殊葬仪。这些墓葬的随葬品数量和种类也有明显差别，说明墓主人应该具有较高的社会地位。

过去曾有学者提到，辽西地区西拉木伦河以南至渤海沿岸一带，在兴隆洼文化晚期前后属空前分化和动荡的时期，兴隆洼文化派生出的不同支系发展成彼此独立的新种文化，它们相互作用、交错并存。[1] 正是由于此时整个辽西地区普遍的分化与动荡，才创造出了古代文化空前繁荣的新局面。而处于文化格局演变与发展中心位置的兴隆洼文化，在中国东北和北方地区新石器时代发展中的重要地位和意义可见一斑。

越来越多的考古证据表明，兴隆洼文化所处的裴李岗时代，中国主体区域所表现出的较为先进的思想观念和知识体系，以及较为复杂的社会形态，将中国文明起源提前到距今8000年以前。[2] 作为裴李岗时代的重要一员，以内蒙古东南部、辽宁西部为核心分布区的兴隆洼文化，是当时北方地区极为强势的考古学文化之一，自其中期开始，以大规模的稳定聚落、先进的房屋建筑技术、高超的手工业发展水平、发达的原始信仰等因素为代表，兴隆洼文化次第向外传播扩散，在辽东、燕山以南及中原地区均可见明显的西辽河流域的文化因素，彰显了强大的活力与影响力。

1　朱延平：《东北地区南部公元前三千纪初以远的新石器考古学文化编年、谱系及相关问题》，载苏秉琦主编《考古学文化论集》（四），文物出版社，1997年，第84—95页。

2　韩建业：《裴李岗时代与中国文明起源》，《江汉考古》2021年第1期。

兴隆洼文化在西辽河流域社会复杂化的独特进程中迈出了关键的第一步，在器物使用、生业模式、社会结构和复杂化表现方式等方面为辽西地区确立了发展基调，在整个东北亚地区史前文化中占据引领地位。同时，兴隆洼文化所属的新石器时代中期是中国史前三大文化系统及文化上的"早期中国"的重要奠基期，也是"中华文化相互作用圈"的早期阶段。在继承兴隆洼文化发展的基础上，距今约5300—5000年的红山文化晚期晚段，红山文明形成，辽西地区率先跨入文明的门槛，成为中华文明多元一体格局中的重要一元，对中原地区的古代文明产生了深远的影响。

二、红山文化

（一）百年历程

1921年6月，安特生发掘了位于辽西地区的沙锅屯红山文化洞穴遗址，并在1924年发表的发掘报告《奉天锦西沙锅屯洞穴层》中说初次见识这种遗存，且将大部分遗物归为仰韶彩陶文化系统。这不仅是红山文化遗址的首次发掘，也是中国考古学史上的首次田野发掘。[1]

红山文化的命名地——红山后遗址也历经沧桑。1908年，循着赤峰当地百姓售卖青铜器的线索，日本人鸟居龙藏调查红山后遗址。1930年，专门远赴东北做田野调查与发掘的梁思永先生，对红山后遗址的调查也在此计划之内。1935年，日本东亚考古

---

[1] 贾笑冰：《红山文化与中国考古学百年历程》，《中国文物报》2021年4月30日。

学会发掘红山后遗址,并发表了发掘报告《赤峰红山后》。报告中把红山文化一类遗存命名为赤峰第一期文化,也叫彩陶文化。之后,就辽西地区相关发现,学者们展开了以文化命名为主题的讨论,1954 年,尹达提出"红山文化"的命名,将赤峰第一期文化正式定名为"红山文化"。[1]

1983 年 11 月 2 日,牛河梁女神庙遗址内一个完整的女性人头塑像,在发掘工作者的手里初露眉目。苏秉琦先生端详这位"红山女神"许久,说:这是中华民族的"共祖"。因为牛河梁的祭祀制度与后世历代似有传承关系,其三重圆祭坛的模式与明清天坛一脉相承。苏秉琦先生觉得中华文化中,红山文化这一支基因较强大。[2]

1986 年 7 月 24 日夜里,新华社发了一条通稿,以"中华五千年文明曙光"为题,介绍辽宁凌源牛河梁遗址的新发现。第二天早晨 7 点,中央广播电台"新闻联播"对这条消息足足播报了三分钟。报道称,牛河梁遗址将中国文明史提前了 1000 多年。牛河梁遗址是距今 5000 多年的一处祭祀场所,属于红山文化。[3]

回首百余年的红山考古之路,红山后遗址与牛河梁遗址迎来了太多功勋卓著的考古人。一代又一代的考古工作者扎根田野,栉风沐雨,聆听泥土下传出的絮语。他们用一把小小的手铲,从

---

[1] 贾笑冰:《红山文化与中国考古学百年历程》,《中国文物报》2021 年 4 月 30 日。

[2] 倪伟:《百年考古,"重写"了一部怎样的中国史》,《中国新闻周刊》2021 年 6 月 14 日。

[3] 倪伟:《百年考古,"重写"了一部怎样的中国史》,《中国新闻周刊》2021 年 6 月 14 日。

一方方看似平平无奇的土地下挖出瑰宝，逐步揭开古老中华文明的密码。[1]

（二）红山文化陶器

红山文化距今 6500—5000 年，时间跨度长达 1500 年，几近夏商周三代的时间总和。认识到这个巨大的时间跨度，我们便不难想象红山文化 1500 年的发展进程绝非一成不变，而是一定发生了许多变化，甚至可能是十分深刻的变化。在红山文化遗址中，最能表现出阶段性变化的无疑就是易制作易碎的陶器。

红山文化大体可分为早、中、晚三个时期。红山文化早期（距今 6500—6000 年），陶器以筒形罐、钵、瓮、盆、斜口器为主要器物组合。距今 6200 年左右，红山文化中最简单的彩陶——红顶钵出现，在差不多的同时段，新出现的碗和杯成为红山先民的日常用品（图 1-20）。

及至红山文化中期（距今 6000—5500 年），陶器种类极其丰富，新出现了小口双耳壶、垂腹罐、三足鼎、圜底釜等来自河北平原的后冈一期文化器物，红山文化传统的盆和钵也焕然一新，模样有了些改变。彩陶纹饰出现在瓮、罐、盆等大型器物上，彩陶图案以短线、弧线、菱形、三角形为基本元素，各种元素相互结合，形成了精美复杂的图案。（图 1-21）

---

[1] 桂娟、双瑞、翟濯：《考古百年，这些人带我们聆听泥土下传出的文明絮语》，《新华每日电讯》2021 年 10 月 15 日。

多元一体——先秦时代的文化交流

图1-20 红山文化早期筒形罐、斜口器、钵[1]

图1-21 红山文化彩陶钵（敖汉旗出土）[2]

红山文化晚期（距今5500—5000年），在吸收强大的庙底沟文化彩陶图案的基础上，糅入本地传统的纹样，从而形成混合文化面貌，如勾旋纹。此外，还继续创新本地传统图案，形成独有的土著风格，如垂鳞纹、大三角折窄带纹等。（图1-22）

1　刘国祥：《红山文化研究》，科学出版社，2015年。
2　刘冰主编《赤峰博物馆文物典藏》，远方出版社，2006年。

图 1-22　左：双勾纹彩陶罐　右：彩陶钵（敖汉旗出土）[1]

红山文化在其文化最强盛时，也向外传播自己的先进文化因素。红山文化彩陶已经影响到内蒙古中南部、河北中部等地区，如岱海地区的仰韶文化海生不浪类型彩陶中的勾旋纹、垂鳞纹、三角纹、棋盘格纹都明确来自红山文化。[2]（图1-23）

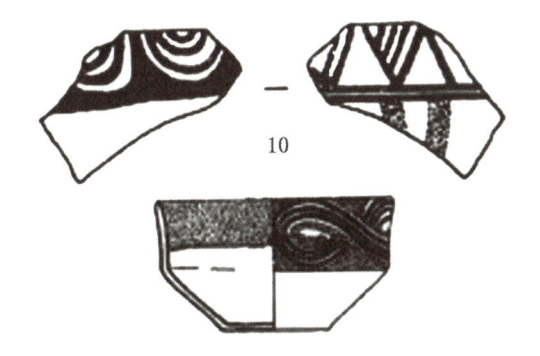

图 1-23　岱海地区仰韶文化海生不浪类型中受
红山文化彩陶影响的彩陶纹饰[3]

1　刘冰主编《赤峰博物馆文物典藏》，远方出版社，2006年。
2　韩建业：《晚期红山文化南向影响的三个层次》，《先秦考古研究》，文物出版社，2013年。
3　韩建业：《晚期红山文化南向影响的三个层次》，《先秦考古研究》，文物出版社，2013年。

（三）红山文化的经济

中国科学院地质与地球物理研究所吕厚远科研团队依据对东北龙岗火山区小龙湾玛珥湖花粉组合的分析，发现最暖湿的中全新世出现在距今约 7000—5000 年间，虽然在红山文化时期有频繁的气候波动情况，但温暖湿润高峰期的出现给西辽河流域红山文化带来了蓬勃生机。综合分析各种考古技术，发现西辽河流域的社会生产力在红山文化时期出现了明显的进步，首先表现在多品种农作物种植技术的出现，如粟作农业和大豆栽培技术的发展。这些技术可以有效使用可耕种土地，提高有限区域内的农业生产总量，还可以在最大程度上减轻各种自然灾害对农业生产造成的损失。

记述西周朝农事的《诗经·周颂·载芟》说："有略其耜，俶载南亩，播厥百谷。"诗中这种锋利的耜主要流行于黄河中下游地区，西辽河流域的石耜最早是在赵宝沟文化时期开始出现的。这种翻掘土壤的工具，在红山文化时期成为农业的利器。红山文化石耜以窄柄尖弧形为最多，长度突破赵宝沟文化时期石耜长度（20 厘米）的极限，多在 20~30 厘米，大型石耜甚至达到了 40 厘米。石耜在红山文化遗址中均有出土，有的遗址甚至以石耜数量为最多，如西水泉遗址出土的大型石器中，石耜的数量占总数的三分之一还多。（图 1-24）

图1-24 红山文化石耜（翁牛特旗解放营子头道窝铺出土）[1]

农业收割工具——石刀在赵宝沟文化时期一直不曾出现，在红山文化时期首次出现时，其造型结构已是极为精巧，应是直接来自南边的发达农业地区。红山文化双孔石刀的长度都在10厘米左右，厚度不到1厘米，细薄且精致，多在背部钻出对称的双孔，有的形如柳叶，有的近似长方形。其使用方法，一般是在刀身的穿孔处松松地结一个绳套，然后把手指套入绳套里，就可稳妥地把石刀握在手中以割穗了。

红山文化骨柄刀，柄部多用骨料制成宽扁状，镶嵌细石叶的头部则随骨料的形状或直或弓，向外弓起则呈弯刀状。多在长骨的一侧刻槽镶嵌细石叶，细薄的石叶刃部极其锋利，不亚于如今的精钢，是红山文化细石器技术的典型代表。微痕分析发现，这

---

[1] 刘冰主编《赤峰博物馆文物典藏》，远方出版社，2006年。

多元一体——先秦时代的文化交流

种工具也曾同双孔石刀一样作为收割工具使用。（图1-25）

图1-25　红山文化石刀[1]

一定数量的磨盘、磨棒和石杵、石臼等碾磨工具的多样化，说明红山文化先民对不同植物的加工有了进一步区分，更高效的谷物加工工具——杵和臼的出土，代表红山文化时期农业有了一定的发展。

在红山文化遗址中普遍发现了较多的细石器及细小石料，石料多以燧石、碧玉、水晶、玛瑙等为主，细石器中以等腰三角形的石镞最具特征，发达的细石器加工技术保障了红山文化先民渔猎经济的稳定发展（图1-26）。西拉木伦河以北的红山文化遗址中，细石器的比例甚至远超大型工具石耜、磨盘等，说明西拉木伦河以北的红山文化居民对狩猎采集的依赖性更大。

图1-26　石镞、细石叶[2]

---

[1] 白燕培：《论东北地区发现的石耜》，《农业考古》2019年第1期。
[2] 辽宁省文物考古研究所：《牛河梁：红山文化遗址发掘报告(1983—2003年度)》下册，文物出版社，2012年，图版彩页。

全新世大暖期时的变暖变湿，给西辽河流域带来了丰富的水生资源，红山文化先民在积极开发农业的基础上，依靠传统的渔猎和采集经济，进而发展出相对稳定的多元经济，使红山文化得以迅速发展，并因此带来了手工业生产的高度发展。

（四）圣地牛河梁

大众熟知的牛河梁遗址实际上是女神庙、祭坛和多个积石冢群组成的规模宏大的红山文化遗址群，年代为红山文化晚期，距今约5500—5000年。牛河梁遗址群的特殊性在于没有发现任何同期的居址，表明这是一处纯粹的红山文化祭祀和墓葬区域。[1]

牛河梁遗址群主要位于辽宁省西部努鲁儿虎山东南向的三道东北—西南走向的山梁上。努鲁儿虎山被大凌河与老哈河两条水系的诸多支流构成的密布水网包围，遗址群所在的三道山梁南面均朝向大凌河和木栏山，木栏山视觉壮观，因山形而被称为"猪首山"（或"熊首山"）。

坛庙组合：牛河梁遗址第一地点(N1)坐落在牛河梁主梁顶部的中心位置，海拔671.3米。第一地点是一组规模较大的建筑组群，不仅有女神庙（N1J1），还发现呈品字形的长方形山台(N1J2)，该山台可能是祭坛，与女神庙共同构成最复杂、最高规格的庙坛组合。女神庙是土木结构的半地穴式多室建筑，3个带石围墙的长方形土台是土石结构的祭坛。

祭天圜丘：牛河梁遗址第一地点因为女神庙中红山文化先民的远古祖神而地位神圣，第二地点的地位因祭天石坛的存在而同样重要。牛河梁遗址第二地点位于第一地点的南部，与第一地点相距约1公里。第二地点所在山冈顶部地势较为平坦

---

[1] 张海：《GIS与考古学空间分析》，北京大学出版社，2014年。

开阔，在东西长 150 米、南北宽 80 米的范围内，东西一线排开三冢二坛。居于中心者就是建筑规模最高的土石结构三重圆坛（N2Z3），三重石桩圈均用淡红色玄武岩石料，为五棱体柱形结构，立放时如同石栅，坛体起三层，由外向内，层层高起。研究发现，这三重不等距的石桩圈不仅与古天文的二分日与二至日的日行轨迹有关，先秦时期不等间距同心圆结构的宇宙模式[1]也与其有着惊人的对应，故可确认这座祭坛即为当时红山文化先民举行祭天的圜丘。牛河梁遗址第二地点的祭天之坛，坛面铺石，无覆罩，突出露天的效果，所以圆形和露天，是红山文化祭坛的标准形制。[2]庙宇与祭坛在结构上的要求也有了一定之规，坛为土石结构，庙则为土木结构。

  第二地点的祭天之坛（N1Z3）与第一地点女神庙南北照应，共同构成牛河梁祭祀遗址的中轴线，积石冢分列其两侧，这样的埋葬制度可能在此时期已经形成（图 1-27）。不仅第二地点一号、二号、四号积石冢（N1Z1、N1Z2、N1Z4）分列在祭坛的左右，整个遗址群中的其他 14 个地点也分别位于这条中轴线的左右两侧。

---

[1] 陈镱文、曲安京：《北大秦简〈鲁久次问数于陈〉中的宇宙模型》，《文物》2017 年第 3 期。
[2] 郭大顺：《礼出红山—牛河梁"坛庙冢"祭祀建筑遗址群再解读》，《人民政协报》2020 年 11 月 12 日，第 11 版。

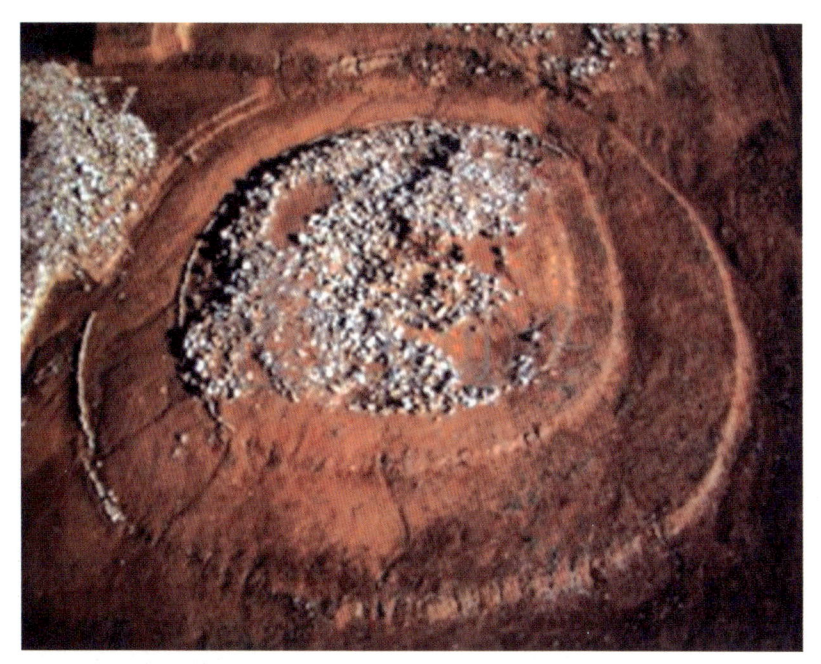

图1-27 牛河梁第二地点三号积石冢N3——祭天圜丘[1]

坛冢结合：第二地点（N2）因祭天圜丘的存在而地位非凡，其他5个积石冢同样不可小觑。从六号积石冢（N2Z6）所处的地势看，地位不亚于祭天圜丘。五号积石冢（N2Z5）是中间被一道石墙隔开、整体呈日字形的长方形祭坛。在五号积石冢与六号积石冢中，发现有人骨，而不见墓葬，应属一种特殊结构的祭坛。二号积石冢（N2Z2）恰与三号祭坛一方一圆相互对应。二号积石冢（N2Z2）是带三重方形石墙的方冢，在祭天圜丘之左。一号积石冢（N2Z1）也是带三重石墙的长方形石冢，位于二号积石冢之西，即直线排列的四冢一坛的最西侧。位于祭天圜

---

[1] 辽宁省文物考古研究所：《牛河梁：红山文化遗址发掘报告(1983—2003年度)》下册，文物出版社，2012年，图版彩页。

丘之东的四号积石冢（N2Z4）使用时间最长，是第二地点延续使用时间最长的一处埋葬地，由不同时期的积石冢组成，石冢由早期的圆冢演变到后期的带三重石墙的方冢（图1-28）。牛河梁遗址第五地点（N5）位于牛河梁遗址群的中心地带，也是延续使用了很长时间的一处埋葬地，由不同时期的积石冢组成。最早时期是并列的两个积石冢，后期则在两个石头圈冢之上建造二冢夹一坛景观。位于中间的祭坛(N5SCZ3)结构特殊，用白色岩石单层铺砌成近长方形的祭坛，只见二次葬人骨，不见墓葬。

图1-28 第二地点三冢（N2Z1、N2Z2、N2Z4）一坛(N2Z3)[1]

金字塔式的王陵：对于牛河梁遗址第十三地点（N13），由于工作有限，获取的信息相对较少。第十三地点是一座土石结构的圆形土丘，直径40米、高度超过7米的土丘是以夯土分层修筑而成，夯层厚约20厘米。夯土外围被白色岩石包砌成环状石墙，石墙直径60米。整个建筑占地面积约1万平方米，保存尚好的是围绕夯土台的一圈石台阶。从规模和结构上看，应是坛冢合为一体的祭祀性建筑，郭大顺先生称之为"东方金字塔"。

1　辽宁省文物考古研究所：《牛河梁：红山文化遗址发掘报告(1983—2003年度)》下册，文物出版社，2012年，图版彩页。

礼制初成：如果用一条无形的线将牛河梁遗址第一地点、第二地点、第五地点、第十三地点连在一起，这4个地点基本是在一条东北—西南走向的中轴线上，女神庙在牛河梁圣地最北端，金字塔式王陵在牛河梁圣地最南端。北京大学考古文博学院教授张海应用地理信息系统（GIS）对牛河梁遗址16个地点的视域进行分析研究时，发现各地点视域的交集正好集中在一条东西向的河谷地带。如果牛河梁圣地是从西北方向的赤峰进入这条河谷的，会依次在河谷两侧高高的山梁顶部看到积石冢，在举行正式仪式之前，已经经过了一道"历史长廊"，进入了仪式体验。[1]

牛河梁遗址第五地点的中心大墓N5Z1M1，建造墓室时极为费时费力。先是从地表向下挖圹穴，墓圹地表面积近9平方米，圹穴深凿于基岩中，圹穴至一定深度时再将墓圹的宽度缩短，形成第一层台阶，从第二层台阶处下挖墓室，墓室长2米，宽0.55米，从墓口到墓底已深达2.25米，墓的地上部分是土石合筑的封土石堆，封土内出土有高规模的祭器——塔形器残片。墓主人是一个50余岁的男性，随葬的玉器有玉民璧(2件)、玉龟（2件）、勾云形玉佩（1件）、玉镯（1件）、鼓形箍（1件），墓主人当为一掌握神权的巫者。[2]

在牛河梁中轴线两侧，分列着单纯的不见祭坛的积石冢地点。从只设有积石冢的地点可以看出，红山文化的祭祀礼仪已有了祭天与祭祖为主要功能的分化，如牛河梁遗址第三地点（N3），是一个圆形积石冢，整个冢体随山势而建，中心高而四周略低。在

---

[1] 张海：《GIS与考古学空间分析》，北京大学出版社，2014年。李新伟：《仪式圣地的兴衰》，上海古籍出版社，2017年。
[2] 郭大顺：《追寻五帝》，辽宁人民出版社，2010年。

山冈最高处的中心部位修建中心墓 M7，中心墓的南侧和西南侧排列其他墓葬。中心墓 M7 位于圆形积石冢的中心，墓室长 2.9 米，宽 1.35~1.95 米。墓主人为 45 岁左右的男性，随葬玉器 3 件，斜口筒形玉器横枕在墓主人头下，墓主人的右手腕上佩戴有玉镯，在其右胸部发现 1 个玉珠。

已发掘的牛河梁遗址第十六地点 (N16) 位于整个遗址群的最西侧，也是单纯的积石冢群，不见祭坛。第十六地点的中心大墓 N16M4，由墓圹和石砌墓室构成，墓圹面积近 12 平方米，墓圹南壁陡直，北壁被凿成二级台阶。从第二级台阶处再向下开凿墓室，墓室长 2.1~2.38 米，宽 1.3 米，墓底至墓圹开口凿入基岩，深至 4.68 米，墓室底部平铺一层石板，即底板。墓主人年龄在 40~45 岁，男性。随葬玉器 6 件，绿松石坠饰 2 件。玉器有玉凤 1 件，斜口筒形玉器 1 件，玉人 1 件，玉镯 1 件，玉环 2 件，分别置于墓主人头、胸、腰腹部分。

从牛河梁遗址庙、坛、冢的布局，到玉器随葬的一定之规，红山文化先民的天体崇拜、神灵崇拜及祖先崇拜，内涵丰富、系统且规范化，已初具"礼制"的雏形，并用这些礼制来控制和管理社会关系的有序化。对于每位曾经来这里参与祭祀的红山文化先民，一定极其熟悉这些礼仪，举行礼仪时一定心存敬畏，因为圣地里有他们共同的远祖之神，还有他们熟知的先祖。圣地里的女神庙、祭坛、积石冢都具有神圣的宗教意义，这里是神明的归所，能让人在清净的空间中感受宇宙与生命的神圣。这些景观甚至已经成为一种稳定的符号，深入红山文化先民的内心，随着时间的推移仍保持着，具有持久的意义。

以中为尊：牛河梁圣地之外的小区域祭祀中心的数量也不少，

如设有高规格坛冢结合的草帽山墓地、半拉山墓地、东山嘴祭坛等。这些小区域祭祀中心也有分布在其周围的积石冢，如田家沟墓地、老虎山河上游积石冢群等。

田家沟墓地位于辽宁省凌源市三家子乡河南村田家沟村民组，地处大凌河支流渗津河左岸的山梁上，遗址由4个独立的埋葬地点组成。第三地点规模较大，可能是坛冢结合的祭祀中心，第一、二、四地点均是积石冢。从已发表的详细资料看，第一地点只是一处单纯的石棺墓群，出土有7座墓葬。7座墓葬近环形分布，位于山梁相对较高处的M5是家族墓地的埋葬中心，七座墓葬共出土玉器5件。

无论是牛河梁圣地，还是小区域祭祀中心，均体现出"以中为尊"的理念，并初步形成了庙在北、坛在南、以庙坛为中轴线分布积石冢的礼仪制度。庙是祭祀远古祖神之所，坛是祭拜天地之处，积石冢是祭祀祖先之地。祖神享用火成之器，祖先拥有石之精者，祭祖与祭神之礼有所不同，这些可寻之迹象，均表明红山文化的信仰已成体系。

依张光直先生的观点，以中国为代表的东方，具有将世界分为天地人神等不同层次的宇宙观和通过沟通天与神以取得政治权力和财富的"连续性文明"。在"连续性文明"的形成过程中，精神领域、思维观念往往得以超前发展。红山文化祭祀活动频繁有序推动祭祀建筑的发展和礼观念的形成，就是集中体现，并对后世表现出强大的传承力。[1]

1　张光直：《考古学专题六讲》，生活·读书·新知三联书店，2013年。郭大顺：《礼出红山》，《人民政协报》2020年11月12日，第11版。

（五）融入、扩散与聚落大发展

根据第三次全国文物普查资料，目前已发现红山文化遗址1000余处。红山文化在其发展的1500年的时间里，居址数量呈几十倍增长，这些居址集聚成群，进而再联合成组群，形成地方性社区甚至是超地方性社区。整个红山文化分布范围内形成了多中心的聚落聚集模式，并且老哈河与大凌河之间出现了明确的核心区，出现了明显的聚落等级差异，标志着更为集权的社会组织结构可能已经出现。

中美联合考古调查项目在赤峰的区域性系统调查中，利用遗址面积与陶片数量推测人口规模——人口指数，研究发现，兴隆洼文化时期人口指数为0.16，赵宝沟文化时期人口指数为1.06，红山文化时期人口指数则增至2.78，说明红山文化时期人口呈现出大幅度增长趋势。人口数量的大幅度增长及农业经济的日益发展，带来的不仅仅是聚落数量的爆发式增长，大型中心聚落、聚落群、聚落组群的出现，还揭示出红山文化的复杂化社会进程及红山文化人群逐渐发展壮大的过程。

1. 聚落等级与社会

没有人能够永远完全独立生活，即使是那些最小的狩猎采集家庭团体也无法完全独立生活。每个小团体至少在一年中的某个时间会与相邻聚落有短暂的接触。当人类社会变得更复杂，聚落存在时间更长久，共性关系也就变得更复杂。不同的聚落越来越多地依靠其他聚落提供关键原材料（例如盐和优良石材）和专业产品（例如石刀、宗教饰品）等。发展中的村庄可能会被分裂成两个聚落，它们虽然在空间上分开了，但仍然保持密切的亲属关系，久而久之形成"聚落群"，组成聚落群的各村落的地位是平等的。[1]

人口的增加会对水源、石器原料、可耕地等环境资源产生巨大的影响，村落之间的利益矛盾会不可避免地发生，各个村落由于人口多寡或地理位置优劣等原因，导致彼此原本平等的关系失衡，聚落群内开始慢慢出现我们称之为"中心聚落"的大型聚落和"一般聚落"，至少会出现两级结构。当以中心聚落为首的大型聚落开始将聚落群整合成一个整体，以对抗其他聚落群时，这种政治内容的出现意味着一个强势的集团开始出现。有迹象表明，古国产生于聚落群内部的竞争，古国的领导本质上是家长式的集权。[2] 聚落考古研究中常常用聚落等级的划分来判断社会管理阶层，并依据发掘出的典型聚落个体研究来探寻构成社会关系的各级社会单元，进而讨论其社会发展程度。

敖汉地区分布着密集的红山文化遗址，在敖汉的教来河上游分布有 127 处遗址，干流两岸的遗址数量较多，共 77 处，白塔子河和干沟子河两条支流分布的遗址数量相对较少，分别有 22 处和 28 处。根据地理空间上明显的空白地带，可将该流域内所调查到的聚落划分成 5 个聚落群组。（图 1-29）

---

[1] 布赖恩·费根：《考古学入门》，北京联合出版公司，2018 年。
[2] 赵辉：《谈谈"古国时代"》，《文物天地》2021 年第 9 期。赵辉：《古国时代》，《华夏考古》2020 年第 6 期。

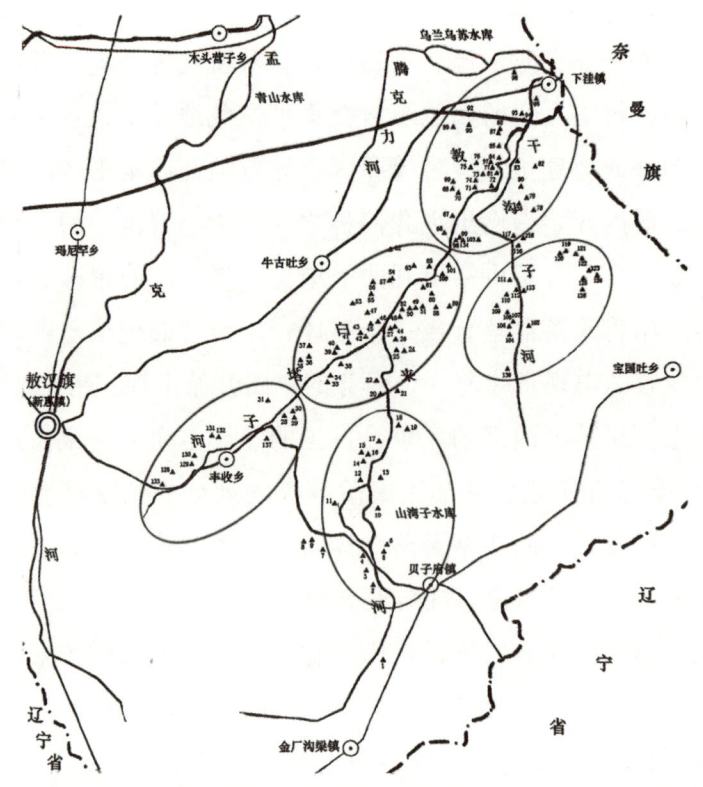

图1-29 牛河梁地区教来河上游流域红山文化遗址分布[1]

  红山文化聚落中，面积不足4万平方米的遗址最多（第五等级），4万～8万平方米的遗址也相对较多（第四等级），我们把这两个等级的聚落均称为"小型普通聚落"。面积8万～14万平方米的遗址和14万～20万平方米的遗址已经属于数量稀少的聚落，将这两个等级的聚落均称为"中型次中心聚落"。面积大于20万平方米的聚落相对更为稀少，因此把面积大于或等于20万平方米的聚落称为"大型中心聚落"。由于调查中也发现有

---

1 刘国祥：《红山文化研究》，科学出版社，2015年。

面积在 100 万平方米以上的聚落，因此把面积超过 100 万平方米的聚落称为"特大型聚落"。（图 1-30）

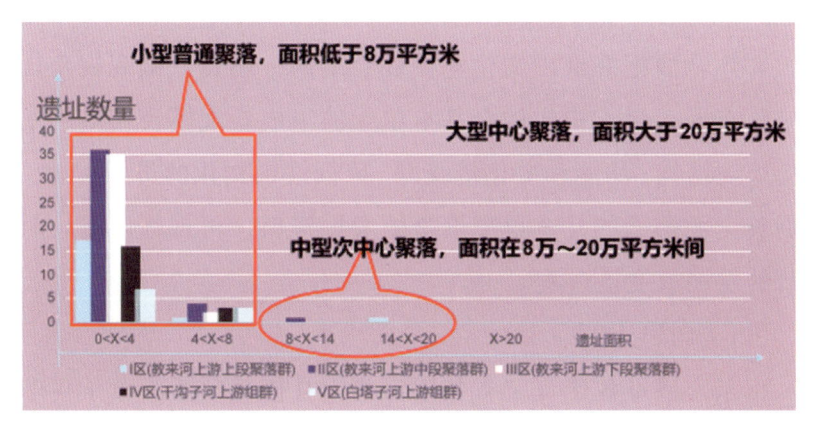

图 1-30 牛河梁地区教来河上游流域红山文化遗址等级示意图

上游上段聚落群（Ⅰ区）及上游中段聚落群（Ⅱ区），均由中型次中心聚落和小型普通聚落构成主、次分明的二层级聚落结构。上游下段（Ⅲ区）、干沟子河（Ⅳ区）和白塔子河（Ⅴ区）都只拥有四等级和五等级聚落，即这三个聚落群分别都是由一些大小面积略有差异的普通小型聚落构成，且白塔子河（Ⅴ区）可能是 5 个聚落群中级别最低的一个，因为其组成聚落群的遗址数量最少。

教来河上游上段（Ⅰ区）聚落群的潘家西遗址面积 15 万平方米，是五组聚落群中的所有单体聚落中面积最大的，也是该聚落群中等级最高的聚落。该聚落位于整个聚落群的中心偏南偏高的位置，可俯视位于其下方的其他遗址，以及远处的其他村落。古人选择居址时会考虑到聚落群中聚落间的关系，聚落间的可视范围及相互通视的情况尤其重要。为了加强控制，地位较高的遗址或者军事要塞会占据较高的有利地势，以便监控依附在其周围的较小型遗址，也利于第一时间发现远距离敌情，[1] 故该聚落群可能对周围其他一个或几个聚落群有主从关系。

2. 融入与扩散

要想全面把握红山文化整体社会结构，还要从微观视角观察其村落布局，探索构成社会基本单元的组成、规模及相应的基层社会组织结构、功能和文化传统等。依据红山文化的早、中、晚期，根据被全面揭露的几个典型聚落的发掘资料，再现红山文化时期聚落的发展及变迁过程。

（1）山里人家

小东山遗址位于辽宁省朝阳市朝阳县柳城镇腰而营子村东，地处大凌河中上游的一条支流——小木头沟河的右岸（东岸）上，在距遗址西北的不远处，小木头沟河汇入大凌河。该遗址位于一处宽敞的高台地上，发掘面积约850平方米，共发现红山文化房址10座、灰坑20座、围沟1条。（图1-31）

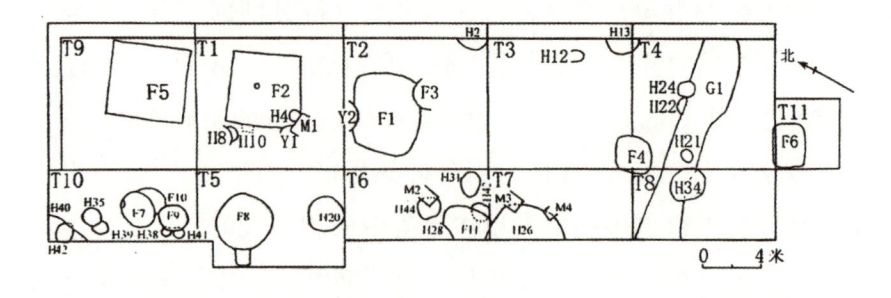

图1-31 小东山红山文化遗址房址、灰坑、壕沟分布图[2]

---

1 贾笑冰：《信息技术支持的博尔塔拉河流域考古调查》，《考古》2017年第4期。

2 刘国祥：《红山文化研究》，科学出版社，2015年。

056

从房址间的打破关系及出土遗物分析，红山文化先民在这里生活的时间相对较长，由于发掘出的早期房址有限，看不出明显的空间结构，只能大致了解地处山间小盆地、水域资源丰富的山里人家村落的基本布局特征。房屋建于人工开挖的壕沟之内，在保护和强调村落整体性的同时，壕沟兼具排水功能。

西辽河流域自兴隆洼文化时期就开始出现环壕聚落。环壕，就是古代人类在居住区周围为防治水患而修建的防御性壕沟，古人利用了"水往低处流"的特性，将环壕修建成圆形、椭圆形或圆角形，便于水流，来实现防治水患的目的。与此同时，过多降水对地穴、半地穴式居室也是一种威胁，而修建环壕即可排放居址内的积水。后来随着人类之间冲突的不断加剧，环壕的功能才逐渐转变为抵御敌对势力入侵的防御工事，就像护城河那样用来防御外来入侵。

壕沟内房址成排分布，有大房址与普通房址的区分，但大房址与普通房址的面积相差并不悬殊。密集的室外窖穴堆积现象在西辽河地区首次出现，其数量数倍于房址。以敖汉兴隆洼遗址中发现的红山文化遗存为例，揭露出红山文化早期房址5座，灰坑130余座，灰坑多为储物的窖穴。窖穴多分布在房屋附近，多集合成群，说明这些储物坑是由氏族公社统一管理的。

村落在最初还只建本地区传统的方形或长方形半地穴式房址，但在红山文化早期晚段出现了以往不曾出现过的圆形半地穴式房址，室内的空间结构似乎也有轻微的变化，如灶址的位置。

（2）来了新邻

魏家窝铺遗址位于赤峰市红山区文钟镇魏家窝铺村，是目前发现的规模最大的红山文化中期聚落址。由于尚未系统发表发掘资料，我们只能对魏家窝铺遗址有个大概的了解。

魏家窝铺遗址位于一处近山坡顶部的高台地上，视野开阔。遗址西侧约1公里处有一条自南向北流淌的季节性河流，东部为一谷地，南北两侧均为大片的农田。揭露出房址103座、灰坑201座、围沟4条。（图1-32）

图1-32 魏家窝铺红山文化遗址房址、灰坑、壕沟分布图[1]

围沟的走向显示魏家窝铺遗址属环壕聚落，面积约9.3万平方米。房址设于壕沟之内且成排分布，门道朝向东南或西南，可能代表聚落内居住着两种不同来源的人群。从房址位置的变动到二重壕沟的出现，可能是魏家窝铺聚落长期稳定发展和聚落规模不断扩大的结果。房址F73，圆角方形半地穴式，长方形门道，圆形灶坑位于房址中央，火塘为圆角长方形（图1-33），研究者认为这种灶和火塘相结合的方式，是受到后冈文化影响的结果。遗址中出土的陶器以筒形罐为主体，其器型及纹饰明

---

[1] 刘国祥：《红山文化研究》，科学出版社，2015年。

显是本地传统，但瓮、红顶钵、折腹盆、三足鼎、圜底釜、器盖、溜肩罐、鼓腹罐、彩陶钵等与燕山以南地区的后冈一期文化有着密切的关系。[1]

图1-33　魏家窝铺遗址房址F73[2]

上述现象的出现，说明红山文化中期可能出现了外来地域一定规模的人口迁移，不仅造成了人口规模的急剧增加，也推动了本地区红山文化的发展进程。

相似的情况还见于敖汉旗西台遗址。西台遗址位于赤峰市敖汉旗王家营子乡西台居民点西侧，在大凌河上游牤牛河西岸的高台地上，发现了两组南北相接的环壕聚落。两个环壕近长方形结构，两环壕共用一段壕沟。在东南侧环壕处发现出入口，是中

---

[1] 侯静波、陈国庆：《浅析外来文化对魏家窝铺红山文化环壕聚落的渗透与影响》，《边疆考古研究》第二十九辑，科学出版社，2021年。

[2] 刘国祥：《红山文化研究》，科学出版社，2015年。

间较宽、两侧较窄的三"门道"设置。两环壕内都分布有一定数量的红山文化房址，还分布有门道朝向东南或西南的房址。房址 F13 内有 2 个灶址，大的平面呈方形，小的为瓢形灶，房址内存在两个不同传统的火灶，可能是来自两个不同地区人员相融合的结果。（图 1-34）

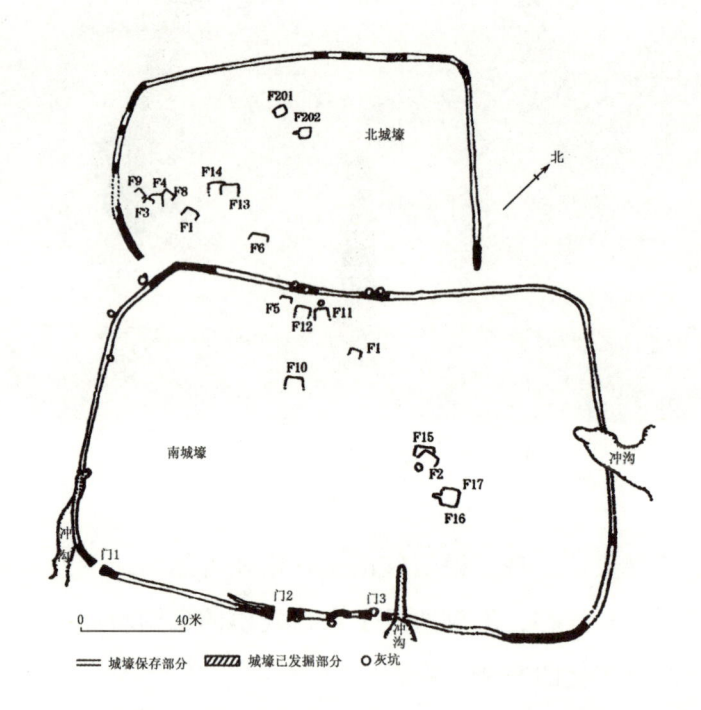

图 1-34　西台红山文化遗址内房址、灰坑、出入口等的分布图[1]

西台遗址是红山文化中期的环壕聚落，延续至红山文化晚期依旧使用。从两环壕都存在两种不同朝向的房址看，南侧环壕可能是由于人口的增加而不断扩大聚落规模的结果。

那斯台遗址是西拉木伦河流域的特大型聚落，面积 150 万

---

[1] 刘国祥：《红山文化研究》，科学出版社，2015 年。

平方米。聚落的面积代表聚落发展的规模，同时也代表某一特定时期聚落中的人口规模。一般来说，聚落面积越大，表明聚落人口越多，其聚落具有更多功能，也能提供更多的服务，社会复杂化程度也越高。那斯台遗址内曾采集到大量红山文化玉器，说明中心聚落对特殊资源和技术有一定的掌控，也能够反映不同聚落的等级。[1]

（3）向北扩散

敖汉兴隆沟遗址第二地点是红山文化晚期聚落，与牛河梁遗址的年代大体相当。兴隆沟遗址位于敖汉旗兴隆洼镇兴隆沟村东北侧，这里地处丘陵地带的西缘，与南侧的连绵群山相连。遗址坐落在山冈的东南坡地上，东侧有牤牛河上游的一条支流，西侧为林地，其余三面均为耕地，地势开阔。2001年、2003年对该遗址进行过两次发掘，遗址总面积6万平方米，海拔529米。发掘红山文化房址8座，灰坑55座，环壕1条。

从聚落布局看，房址成排分布，房址外围修筑有长方形围壕，灶坑为圆形。每座房址的外围都分布有相对独立的窖穴群，说明单一家庭已经成为经济生产和生活的核心单元。2012年，在该遗址中，再次发掘1座小型房址F9，首次发现红山文化整身陶塑人像（图1-35）。人像所居房址面积很小，仅12平方米，半地穴式。房址F9出土整身陶塑坐像，意味着该房址不仅具有居住功能，还具有祭祀功能，是生活在兴隆沟聚落的红山文化先民供奉和祭祀祖先的场所。更为重要的是，兴隆沟遗址第二地点出土的红山文化整身陶人的面部特征，与牛河梁女神庙内出土的女神头像有密切的联系。遗址出土的陶器特征与牛河梁遗址群出土

---

1 张海：《中原核心区文明起源研究》，上海古籍出版社，2021年。

的陶器也有较强的共性，说明兴隆沟遗址第二地点与牛河梁遗址之间有着密切的联系。[1]

图1-35 兴隆沟遗址第二地点红山文化聚落内房址F9内出土的整身陶塑和陶人[2]

在红山文化晚期，红山文化先民不仅向北扩散到北纬43.5度的地区，还向西北进入科尔沁沙地的大部分地区。环境考古证明，当气候条件适宜的时候，在科尔沁沙地，地势平坦、河湖纵

---

[1] 刘国祥：《红山文化研究》，科学出版社，2015年。
[2] 刘国祥：《红山文化——研究中华文明起源的重要内容》，《人民日报》2021年8月28日，第8版。

横的区域更适合进行大规模农业垦殖。红山文化时期的科尔沁沙地已经发育了足够厚度的土壤，红山开拓者们过着狩猎采集兼营农业的生活。稳定、多元的食物来源能够养活更多人口，从而产生了大面积的定居遗址。

哈民忙哈遗址是目前国内发现最早的一处因为瘟疫而被废弃的大型遗址。遗址位于通辽市科尔沁左翼中旗舍伯吐镇东南约20公里处，总面积约18万平方米。发掘面积6850平方米，共清理房址67座、灰坑60座、墓葬13座、环壕3条。（图1-36）

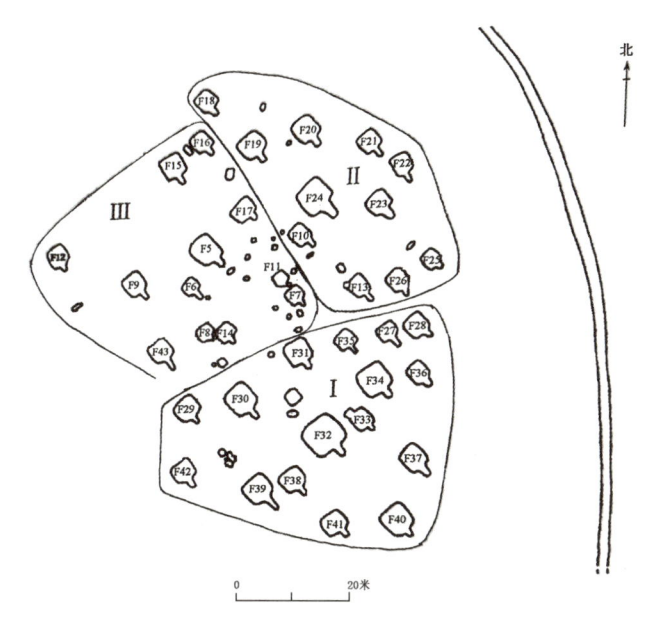

图1-36　哈民忙哈红山文化聚落房址、灰坑、壕沟分布图[1]

聚落外围东、北、西三面环绕圆形壕沟，西北与北侧的壕沟及古河道相邻，且保持平行状。环壕平面呈椭圆形，东西长350米，

---

[1] 刘国祥：《红山文化研究》，科学出版社，2015年。

南北宽270米，壕沟深约0.8米，沟开口宽度在1.2~2.1米之间。房址成排分布，门道均朝向东南，根据房址的朝向及面积将其分成三组，每组均有一处大房址，位于各组的中心。I组大房址F32前面形成较大范围空场，推测是有意规划出并作为公共活动的广场。II组大房址F24及III组大房址F5前面同样都留有大片空场。I组房址面积普遍大于II组和III组，所以I组在整个聚落中可能属于比较高等级的社区。聚落内部零散分布4座墓葬，均为竖穴土坑墓，其中，三人合葬墓和双人合葬墓各1座，单人葬有2座。[1] 哈民忙哈遗址以发现大量集中出土的人骨而闻名，房址F40内发现了97具人骨，包括不同年龄的人、不同性别的人，底部尸骨有摆放的痕迹，上面的比较凌乱，房子有焚烧的迹象。整个聚落内，经过数次发掘，已发现人骨200余具（图1-37）。

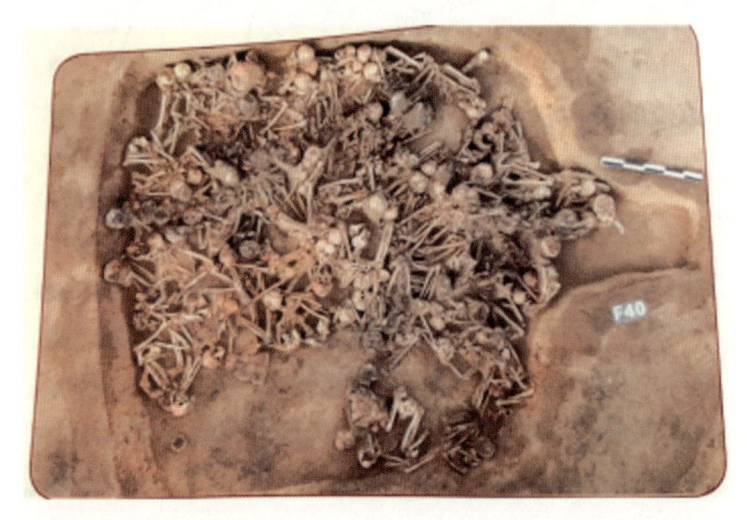

图1-37　哈民忙哈红山文化遗址房址F40内的人骨堆[2]

1　刘国祥：《红山文化研究》，科学出版社，2015年。
2　陈胜前：《中国文化基因的起源》，中国人民大学出版社，2021年。

研究认为，由于科尔沁沙地处于农业的边缘地带，当环境退化时，沙地较易退化到完全戈壁的状态，这时候就不适合人类居住和农业生产。孢粉、古土壤等气候记录表明从红山文化晚期开始，东亚季风再次衰退，气候开始不断变干冷，风沙活动也不断增强。哈民忙哈的红山文化先民可能在某一年的春夏之交时，因为食物不足而捕食鼠类，由此感染了瘟疫，导致大量人口死亡，剩下的人仓促埋葬死者后，迅速撤离。[1]

综合已发表的红山文化聚落资料，红山文化聚落最显著的变化主要表现在以下几个方面：

红山文化从早至晚流行环壕聚落，但长方形环壕聚落在红山文化中晚期才出现，围壕的防御功能显著增强；

房址面积普遍较小，多在10~20平方米之间，大房址的面积也多在50~100平方米，房址仍有大房子与小房子之分，大房子多位于小房子的中心，且其前方多设有空旷的广场；

房址内的灶址结构有明显的变化，出现了瓢形灶。瓢形灶的平面轮廓像葫芦形瓢，圆形灶坑的口部与居住面相平，挨近门道处有一段斜坡状火道，直通入灶坑内，这种造型利于入风口处空气的流通，进而使灶底部的柴火与氧气充分接触，可提高炉火的温度，还易于将火膛内的灰烬清除，是火灶的一大进步。瓢形灶源自后冈一期文化；

中心聚落可能已经出现不同等级的社区，高等级社区在房屋规模、内部设施及室内生活或生产用品等，都明显高于其他社区。中心聚落内多存在与祭祀相关的设施。

红山文化的聚落布局从早到晚都发生了重要变化，红山文化早期聚落的平等、和谐、有序的居住方式逐渐消失，取而代之的是

---

[1] 陈胜前：《中国文化基因的起源》，中国人民大学出版社，2021年。

以等级、财富为划分依据的聚落布局新模式。大型中心聚落内祭祀设施的出现、牛河梁圣地及小区域祭祀中心与大型聚落的分离与独立、积石冢内高规模的中心大墓均具有"唯玉为葬"显著特征等规范性、系统化的礼仪制度，表明了红山文化的信仰已成体系。

（六）多元交汇

20世纪30年代，梁思永先生通过实地调查认识到长城南北的史前文化差异，强调长城地带所占中国南北文化接合部的重要地位。1954年，尹达先生正式提出"红山文化"的命名，也强调红山文化对于研究长城南北新石器时代文化遗存的相互关系具有极大的启发和帮助。

1985年，苏秉琦先生提出辽西古文化古城古国的论点，又以晋文化考古为题，阐述从关中西部起，由渭河入黄河，经汾水通过山西全境，再从晋北向西与内蒙古河套地区连接，向东北经桑干河与冀西北连接，再向东北与辽西老哈河、大凌河流域连接，形成"Y"字形的文化带，它在中国文化史上曾是一个最活跃的民族大熔炉，又是中国文化总根系中的一个重要直根系。[1]

中国人民大学考古学教授陈胜前将红山文化所处地带归于"文化—生态交错带"，并把这一地带比喻成一个"泵"或"鼓风机"。在气候环境条件较好的时候，它就把南边的文化吸引过来，把北边的文化吐出去；条件不好的时候，则把北边的文化吸引过来，把南边的文化吐出去。在文化吞吐的过程中，来自欧亚草原与东南腹地的文化交汇融合。[2]

---

[1] 田建文、张星德：《苏秉琦先生"Y"字形文化带的新观察》，《文物世界》2021年第3期。

[2] 陈胜前：《中国文化基因的起源》，中国人民大学出版社，2021年。

随着各地区田野考古资料的日渐丰富，西辽河流域与黄河流域之间的文化互动研究也越来越深入，红山文化与黄帝、蚩尤等五帝时期诸部落集团的关系也越来越明晰。

距今6700年前后，后冈一期文化集团势力强大，所占区域几乎已囊括整个河北平原。后冈一期文化的一部分先民启动了北上扩张的脚步，其扩张范围不仅以地广人稀、水美地丰的河套平原为主要扩散地，燕山南北也都留下了他们曾经活动的证据，此时段，西辽河流域赵宝沟文化就已经存在红顶钵、盆等后冈一期文化因素。

至距今6500年前后，后冈一期文化集团向东北更加强势地推进，形成了红山文化。在其后持续的时间段里，后冈一期文化与红山文化的交流与互动日益密切。到了后冈一期文化晚期，随着渭河流域庙底沟文化集团的大扩张，后冈一期文化集团逐步退却，最后可能在一败涂地的情况下，进入燕山以北的西辽河流域。也恰在此时段，河北平原大部分地区文化萧条，其背后可能与大规模的战争有关。[1] 两支文化的空前争端在太行山北麓展开，涿鹿正位于其争夺的中心地带，上古时期的涿鹿之战也恰与这两大文化系统的分野事件相吻合。随着大批后冈一期文化先民的直接融入，红山文化崛起并开始向外施加影响。

崛起中的红山文化虽阻挡了庙底沟文化扩张的脚步，但仍学习并吸收庙底沟文化集团各种先进的文化理念，进而不断调整、壮大着自己。不久，兼容了三大文化系统（后冈一期文化、庙底沟文化及自身优秀文化基因）优势的红山文化，开始逐渐兴盛且

---

[1] 乔梁：《后冈、西阴和红山》，《鹿鸣集：李济先生发掘西阴遗址八十周年、山西省考古研究所侯马工作站五十周年纪念文集》，科学出版社，2010年。

发达。

红山文化虽因环境条件的限制及神权道路的坚持而最终走向衰落，但其多元共融、兼收并蓄、开放包容、积极奋发的红山古国形象已展现于世且深入人心。

三、小河沿文化

（一）寻古探奇

小河沿文化陶器早在20世纪初就已经被考古学者们发现。1921年，瑞典学者安特生在发掘辽宁锦西沙锅屯洞穴遗址时，就已经发现了具有小河沿文化特征的陶器。直到1960年，考古工作者在赤峰市石羊石虎山墓葬发掘，才使小河沿文化的遗迹第一次被较完整地揭露。1974年，辽宁省博物馆在赤峰市敖汉旗小河沿乡南台地遗址进行发掘，发现出土的彩陶形制和纹饰与其他考古学文化有明显不同，应是一个独立的考古学文化，并提出了"小河沿文化"的命名。

在多个文化遗址中，发现了夏家店下层文化遗存叠压在小河沿文化遗存之上的地层关系，因此考古学家都一致认为小河沿文化早于夏家店下层文化。通过对考古类型学的研究，发现小河沿文化的年代下限应该晚于红山文化，但是小河沿文化早期发展阶段处在红山文化繁荣期之后，不会晚于红山文化晚期阶段。然而，目前仅在白音长汗遗址和南台地遗址发现了小河沿文化遗存与红山文化中层遗存的打破关系，因此无法判断小河沿文化与红山文化晚期之间的年代关系，只能从文化内涵及特征方面考证。红山文化的年代跨度很大，小河沿文化的年代上限至少可以早到红山文化的最后一个阶段，有些遗存甚至可能早到红山文化中期，因此可以确定的是，小河沿文化与红山文化晚期应该有过一段平行，并且在红山文化结束后仍延续了一段时期。因此多数学者认为，小河沿文化的时代介于红山文化和夏家店下层文化之间，距今约5300—4500年，属新石器时代晚期考古学文化。

小河沿文化的分布范围广泛，在燕山南北地区均有发现，向北越过西拉木伦河，南至渤海沿岸，并越过燕山到达华北平原北部的广大地区，小河沿文化遗址主要分布于西辽河流域的内蒙古东南部（老哈河区域）和辽宁西部地区。目前，对小河沿文化遗址的考古调查和发掘工作主要集中于燕山以北地区。经过正式发掘和调查的小河沿文化遗址中，大沁他拉遗址为调查地点；南台地遗址为居址，清理出4座平面呈圆形或椭圆形的房址和少量的灰坑。此外，在白音长汗遗址发现几座灰坑，石羊石虎山墓地、克什克腾旗上店遗址、翁牛特旗大南沟墓地和元宝山哈啦海沟墓地主要为墓葬，其中大南沟墓地和哈啦海沟墓地的发现最为重要。

（二）文化特征与内涵

小河沿文化遗存发现的很少，遗迹主要有房址、灰坑、墓葬等。大多数遗存是墓葬，居住址仅发现1处，位于敖汉旗小河沿乡。发现的4座小河沿文化房址全部为圆形或椭圆形半地穴式，直径多在3~5米之间。房屋以单室为主，有3座。以房址F8为例，底大口小，穴壁有一定的倾斜度，屋里有火灶和柱洞。灶址处有直径为0.6米的红烧土面，屋内南壁下发现一个陶罐和两个石磨盘。地面仅见踩踏面，未发现有另外的加工和处理。

小河沿文化遗址虽然不多，单个遗址出土的陶器却十分丰富。小河沿文化陶器多采用手制，器物内壁多未抹平，往往保留着泥条盘筑的痕迹，仅大南沟墓地遗址少量的器物经慢轮修整，不见快轮使用的痕迹。大部分陶器形状不规整，口沿和底部多不成正圆，器壁较厚，且厚薄不匀，有的内壁凹凸不平，有明显的手制接痕。陶器质地主要有夹砂和泥质两种，夹砂陶有灰陶、红陶、褐陶，泥质陶有灰陶、黑陶、红陶等，主要以夹砂灰陶和泥质灰陶为主，夹砂陶中有的含有云母、贝壳和蚌壳。[1]泥质陶常装饰有红色或白色陶衣，也有部分泥质陶涂朱和白色彩绘。常见的陶器主要有筒形罐、壶、盆、钵、豆、尊形器、器座、壶、盘、勺、案、斗形器。陶壶分为短颈鼓腹双耳壶、鸮形壶、双口鼓腹双耳壶、单把壶、异形壶五类，是小河沿文化最具代表性的器类之一。常见豆的形制有钵形豆、碗形豆等，常见盆的形制有折腹盆、折肩盆等，常见钵的形制有敛口钵、敞口钵等。纹饰种类主要有拍印细绳纹、交错绳纹、窄泥条附加堆纹、刻划纹、三角纹内填平行线纹、平行直线纹、乳钉纹、镂孔、篦点纹（戳压窝点纹）、席纹、网格纹、复线内填斜向平行线纹、菱形纹内填网格纹和复线内填网格纹等。

　　小河沿文化的彩陶数量较多，有黑、红、黄三彩，多为红底黑彩，施红彩的器物较少。大部分为单彩，同时也出现了复合彩的现象。如南台地遗址F4：1，先刷一层白色陶衣，在白衣上绘红彩，然后用黑彩勾边。彩陶图案主要有平行线间以相对半重环纹或相对的平行斜线间以三角纹，组成宽带纹饰，或施以倒三角纹、平行短斜线纹、回字形几何纹、网格纹或间以动物形象、八

---

[1] 陈国庆：《浅析小河沿文化与其他考古学文化的互动关系》，《边疆考古研究》2009年第2期，第36—46页。

角星纹复线弧曲纹和几何纹等。[1]

生产工具以磨制石器为主，器型有斧、锛、带孔石铲和石球，并有少数琢制的石铲和石斧。出土有加工精细的细石片。此外，还出土有骨器，如作为装饰品的骨簪（图1-38）。

图1-38 哈啦海沟遗址骨簪 M40:2[2]

小河沿文化墓地主要发现于大南沟、哈啦海沟等地。在哈啦海沟墓地的墓葬中出现了一种现象，即用陶器来替代人的头骨。其中M33（图1-39）中间一人的头骨即用一彩陶豆来代替的；M44也是用一彩陶器座来代替墓主人的头骨，另外在M33的北侧，墓主人的脸部扣有一件三角形陶片，应该是人为加工过，类似于后世的覆面。

---

1 陈国庆：《浅析小河沿文化与其他考古学文化的互动关系》，《边疆考古研究》2009年第2期，第36—46页。
2 张亚强：《内蒙古赤峰市哈啦海沟新石器时代墓地发掘简报》，《考古》2010年第2期，第37页。

多元一体——先秦时代的文化交流

图 1-39 哈啦海沟遗址 M33[1]

---

1 张亚强:《内蒙古赤峰市哈啦海沟新石器时代墓地发掘简报》,《考古》2010 年第 2 期,第 39 页。

（三）小河沿文化与其他文化的交流

小河沿文化与同属辽西地区考古学文化的赵宝沟文化和红山文化关系十分密切。研究表明，在辽西地区考古学文化发展的过程中，大致是按照小河西文化、兴隆洼文化、赵宝沟文化、富河文化、红山文化、小河沿文化、夏家店下层文化、夏家店上层文化的发展序列。

1. 与赵宝沟文化的关系

赵宝沟文化得名于内蒙古敖汉旗高家窝铺乡赵宝沟大型聚落遗址。1986年，中国社会科学院考古研究所内蒙古工作队对赵宝沟遗址进行了正式发掘。赵宝沟文化是燕山南北长城地带新石器时代中期的一支较发达的考古学文化，它的绝对年代在公元前5200—前4470年左右。[1] 赵宝沟文化主要分布于内蒙古东南部、辽宁西部和河北北部一带，南起渤海湾北岸，北越西拉木伦河，西跨滦河，东至教来河。目前已发现的赵宝沟文化典型遗址有敖汉旗赵宝沟遗址、小山遗址、南台地遗址，翁牛特旗小善德沟遗址，林西县白音长汗遗址、水泉遗址，克什克腾旗南台子遗址、上店遗址，通辽市奈曼旗大沁他拉遗址，河北省迁安县新庄遗址，迁西县西寨遗址，滦平县后台子遗址等。已发现的赵宝沟文化房址和灰坑有140余处，房屋成排布列，有类似广场的空地。房址均为半地穴式建筑，居住面中部下挖方形、长方形、圆形坑灶。出土遗物有陶器、石器、骨器、蚌器和玉器等。生产工具中，石器以打制为主，兼有磨制石器和细石器，最典型的是耜和斧。出土的骨器有骨锥、骨匕等。

---

[1] 沈军山：《河北滦平县后台子遗址发掘简报》，《文物》1994年第3期，第53—72页。

赵宝沟文化的年代早于小河沿文化，两种文化之间虽然存在着一段时间的空缺，但二者的某些文化特征存在着继承的关系。如赵宝沟文化的房址、尊形器、几何纹饰等都对小河沿文化有一定的影响。赵宝沟文化和小河沿文化的共同文化因素体现在以下几个方面：

（1）小河沿文化双室房址与赵宝沟文化双室房址的内部结构相似，也分为一高一低两个区域。例如赵宝沟房址F6、F9，这两座房址都以地面的高低分为两个区域，较高区域的地面高于较低者10~40厘米。[1]

（2）从陶器来看，赵宝沟文化和小河沿文化都以尊形器为代表器型，这无疑是它们之间的共同特征。赵宝沟文化陶尊的腹部较深，呈扁圆状，颈部与腹部有分界，其演化趋势是口部变得越来越大，即由敛变直，最终变为敞口，肩部由最初的溜肩，变为鼓肩，最后成为端肩；腹部由双腹演变为单腹。[2] 小河沿文化尊形器的演变也遵循了这一规律，由此可以看出小河沿文化尊形器为赵宝沟文化的发展延续。[3]

（3）小河沿文化陶器的纹饰十分丰富，主题鲜明，富于变化。纹饰有之字纹、几何纹、拟像动物纹和戳纹等。常见之字纹又可分为线型之字纹、方格状之字纹和齿状之字纹。几何纹可分为直线几何纹和勾形几何纹。直线几何纹是以斜线和斜折线组成若干

---

[1] 中国社会科学院考古研究所内蒙古工作队：《内蒙古敖汉旗赵宝沟一号遗址发掘简报》，《考古》1988年第1期。朱延平：《赵宝沟遗址浅析》，《内蒙古文物考古文集》第二辑，中国大百科全书出版社，1997年。

[2] 张星德：《红山文化分期初探》，《考古》1991年第8期，第727—736页。

[3] 申颖：《小河沿文化的演进及与其他考古学文化的关系研究》，硕士学位论文，辽宁师范大学，2021年。

单元的图案，勾形几何纹是双股压划竖钩形纹，两两相对，空隙有三角纹和菱形纹。[1] 器底外表多为素面，个别有编织纹和条状纹。

几何纹是赵宝沟文化陶器最富特色的纹饰，基本元素是刻划的折线和曲线，多通体施纹。纹饰构图主要运用反复、连缀和对称等技法将一两个单独纹样来构成装饰图案，不仅有主体纹样，还有辅助纹样。除了施单层纹饰，也有施双层纹饰。双层纹饰通常是以压印之字形纹和刻划纹为底纹，在此基础上再施各种几何形图案。还有少数器物上下部分别施几何形纹和压印之字形纹，构成复合图案。图案主要母题花纹有己字形、F形、W形、菱格形、三角形、网状、绞索状、动物形等。小河沿文化年代晚于赵宝沟文化，这在器物纹饰上表现得也很明显。

小河沿文化器物的S形纹、F形纹和菱形几何纹是在赵宝沟文化同类型纹饰的基础上发展而来，但是较赵宝沟文化器物的几何纹，小河沿文化器物的几何纹明显简化和规整，虽然也不乏一些形式多变的图案，但已不如前者图案之间穿插程度高。母题以回转的平行带或复线三角纹造型为主，有通体施制，但大部分只占器身肩部、上腹部或位于颈部。构图方面，多采取折线的重复环绕、三角纹隔区错位相对或区内错位相对成图，用刻划或彩绘形式加以表现。[2]（图1-40）

1　索秀芬、李少兵：《试论赵宝沟文化》，《内蒙古文物考古》1996年第1期，第25—32页。

2　王月前：《纹饰谱系框架下的东北地区新石器文化》，《中国国家博物馆馆刊》2019年第4期，第18—35页。

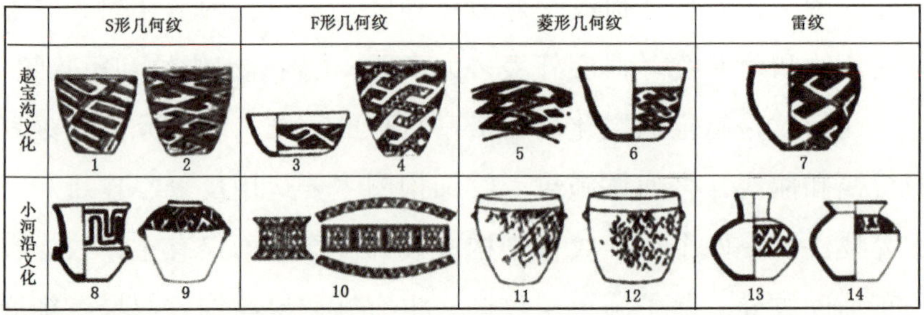

注：1—小山 F22:4 筒形罐；2—赵宝沟 F1042:36 筒形罐；3—小山 F22:46 盆；4—赵宝沟 F72:13t 筒形罐；5—小山 F22:54；6—小山 F12:18 盂；7—小山 F22:31 盂；8—石虎山墓葬盂；9—石棚山 M39:1 壶；10—南台地 F4:3 器座；11—石棚山 M28:9 筒形罐；12—石棚山 M27:4 筒形罐；13—石棚山 M32:10 彩陶壶；14—石棚山 M39:1 壶。

图 1-40　赵宝沟文化与小河沿文化陶器纹饰比较[1]

由此可以看出，小河沿文化器物的几何形纹在继承赵宝沟文化的同时，自身也发展出了独特的文化特征。小河沿文化与赵宝沟文化之间在年代上虽然存在缺环，但通过对年代、地域范围、相同器物群等文化因素的研究，表明小河沿文化在一定程度上受到了赵宝沟文化的影响。

2. 与红山文化的关系

小河沿文化和红山文化具有相近的分布区域，在以往的研究当中，认为小河沿文化年代晚于红山文化，故将小河沿文化称为"后红山文化"，突出强调小河沿文化与红山文化之间的传承和衔接关系。但是从年代上来讲，小河沿文化并不是在辽西地区继红山文化之后出现的一种考古学文化，它们之间存在过一段并行

---

[1] 申颖：《小河沿文化的演进及与其他考古学文化的关系研究》，硕士学位论文，辽宁师范大学，2021 年。

时期。小河沿文化自然也不能被认为是承袭了红山文化，它们之间所表现出的文化共性，应当是在红山文化晚期，红山文化与小河沿文化之间发生过密切的交流，从而影响了小河沿文化，使得小河沿文化蕴含红山文化的因素。小河沿文化与红山文化不是简单的承袭关系，它与红山文化既有联系又有区别。小河沿文化与红山文化之间的共同因素（如彩陶钵、壶类器等）应是彼此借鉴、相互影响的结果。

（1）从陶器形制上看，小河沿文化与红山文化的同类器物具有较高的一致性，小河沿文化的筒形罐和钵即是由红山文化同类器物发展而来。筒形罐作为北方地区新石器时代考古学文化中十分常见的器型，普遍存在于赵宝沟文化和红山文化中。小河沿文化的筒形罐虽与本地区的其他考古学文化略有差别，但总体器型风格相同，大都以大口、深腹、平底为主要特征。通过对辽西地区筒形罐的统计，发现兴隆洼文化筒形罐是小敞口、斜直壁、深腹，腹部不饰双耳；赵宝沟文化筒形罐主要是敞口、斜弧壁、深腹，腹部也不饰双耳；红山文化筒形罐多为大口、斜弧壁、浅腹，敞口和敛口皆有，腹部开始饰双耳。从兴隆洼文化到红山文化，筒形罐呈现这样一个演变趋势，即器耳是逐渐出现的，而小河沿文化筒形罐腹部普遍施器耳的现象正好符合这种趋势，这也证明了小河沿文化筒形罐是对本地区红山文化传统的一种继承。[1]（图1-41）

除此之外，小河沿文化石棚山遗址出土的彩陶钵与红山文化中期西水泉遗址中出土的同类器可能具有发展演变的关系，均为

---

[1] 申颖：《小河沿文化的演进及与其他考古学文化的关系研究》，硕士学位论文，辽宁师范大学，2021年。

直口，上腹饰彩绘，下腹壁弧收。短颈直领壶的制作是红山文化的传统，小河沿文化的陶壶应是在红山文化的基础上对腹部进行了加宽及对器身进行了缩短而形成的。

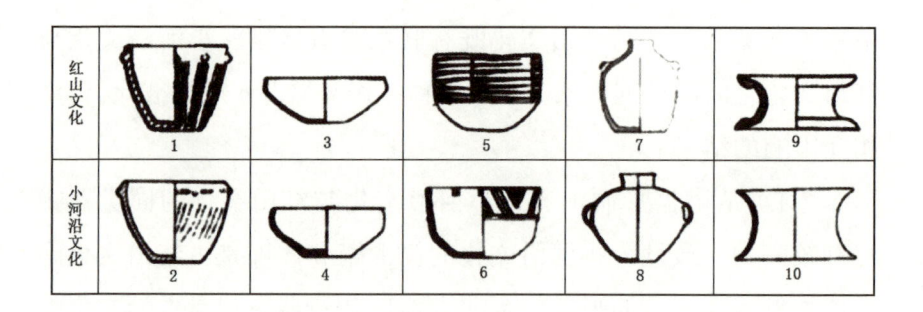

注：1—白音长汗 AH46:1；2—石棚山 M34:4；3—二道梁子 T231:91 采:8；4—石棚山 M25:2；5—西水泉 H4:2；6—石棚山 M31:4；7—哈民忙哈 F2:19；8—南台地 F4:2；9—四稜山 Y2:7；10—石棚山 M73:6。

图 1-41 红山文化与小河沿文化器物之比较图[1]

（2）在彩陶纹饰上，小河沿文化与红山文化两者关系密切。因受红山文化晚期鳞纹的影响，小河沿文化半圆垂环纹至后期逐渐演变为雷纹，红山文化叠错三角纹到小河沿文化阶段发展成为重三角纹。在红山文化晚期阶段，陶器中出现黑陶豆，装饰上出现镂孔、涂朱等，这些器类和纹饰在小河沿文化中也有发现，是小河沿文化陶器的重要特征。[2]

小河沿文化与红山文化之间的文化交流与互动最为频繁，关

---

[1] 申颖：《小河沿文化的演进及与其他考古学文化的关系研究》，硕士学位论文，辽宁师范大学，2021年。
[2] 申颖：《小河沿文化的演进及与其他考古学文化的关系研究》，硕士学位论文，辽宁师范大学，2021年。

系最为密切，在一定区域和时间内存在一定的共存关系和渊源关系，红山文化是小河沿文化的来源之一。

3. 与夏家店下层文化的关系

夏家店下层文化是中国北方地区早期青铜时代的考古学文化，年代晚于小河沿文化。小河沿文化对夏家店下层文化的形成与发展以及该地区的文化面貌和格局均产生过重要的影响。[1]

尽管小河沿文化和夏家店下层文化在年代上并不是紧密衔接的，但两者之间有着密切的沿袭关系。小河沿文化与夏家店下层文化的陶器有一定的共同因素，小河沿文化的磨光黑陶、细绳纹及折腹盆等与夏家店下层文化的同类器有一定的联系，特别是两种文化的陶尊，从形制上可看出它们的演变规律，夏家店下层文化的尊、尊式鬲与小河沿文化的尊形器在形态上具有一脉相承的演变关系，体现了两个器物群在同一区域内因时间上的前后相继而产生了密切关系。小河沿文化的雷纹、方格纹、绳纹、附加堆纹等也被夏家店下层文化所继承，夏家店下层文化早期的陶器绳纹较细，与小河沿文化的细绳纹陶器更为接近。

在大南沟墓地，黑灰陶基本上成为陶器的主体，盉形器的出现、雷纹和方格网纹的形成以及朱绘和彩绘陶器的增多，这些新的文化因素在时间和文化内涵上已经将小河沿文化和夏家店下层文化衔接了起来，其间并无大的空白。从器物的比较中可以看出旧的文化因素在消失，新的文化因素在出现，在文化面貌上虽然存在较大差异，但是可以看出它们经历了一个相当复杂的发展过程。同处西辽河地区，在时间上早于它且能与之相衔接的小河沿文化

---

[1] 申颖：《小河沿文化的演进及与其他考古学文化的关系研究》，硕士学位论文，辽宁师范大学，2021年。

是夏家店下层文化早期来源的主体，而外来的文化因素，如后岗二期文化和老虎山文化因素，在该文化的早期来源中居次要地位。

夏家店下层文化的陶器制作技术和工艺，在承袭红山文化和小河沿文化等先进因素的基础上得到进一步丰富和发展。因此，一般认为小河沿文化是后来的夏家店下层文化的重要源头。

4. 与大汶口文化的关系

大汶口文化是分布于黄河下游一带的新石器时代文化，因山东省泰安市岱岳区大汶口镇大汶口遗址而得名。大汶口文化分布区域很广，主要分布范围为东至黄海之滨，西至鲁西平原东部，北达渤海北岸，南到江苏淮北一带，为山东龙山文化的源头。目前已经发现的大汶口文化遗址有600余处，典型遗址有大汶口、山东曲阜西夏候等。大汶口文化的年代为距今约6500—4500年，延续时间2000年左右。

在已发掘的大汶口文化遗址中，安徽蒙城尉迟寺遗址为大汶口文化晚期的聚落遗址，由成排分布的红烧土排房建筑构成。这些排房多则六间一排，少则两间相连，布局严谨，显示了较高的建筑技术。大汶口文化的葬式一般为仰身直肢葬，也有俯身葬、屈肢葬和二次葬等，另外还发现部分折头葬、折肢葬等较为特殊的葬式。大汶口中晚期以后，发现有木质葬具，在一些成人墓的随葬品和儿童瓮棺的葬具中还发现了带有各种陶文的大口尊。大汶口文化陶器一般为夹砂或泥质的红陶，早期以红陶为主，晚期发展为轮制陶器，并出现了硬质白陶。此外还有彩陶和朱绘，彩陶较少但富有特色。常见的纹饰有镂孔、划纹、附加堆纹、篮纹。大汶口文化器物的纹饰主要有波浪纹、花瓣纹、草木纹、太阳纹、编织纹、涡旋纹、回旋勾连纹、网格纹、折线纹、连山纹、三角纹、斜栅纹、毛边菱形纹、云雷纹、八角星纹、圆圈纹、双角纹等。八角星纹是大汶口彩陶最具代表性的图案之一，即中心为方形或长方形，四周向外辐射出八角，多饰于豆或盆上。[1] 石器磨制精美，中期以后更出现了制作精良的玉器。经济以农业为主，主要种植粟。家畜饲养相当发达，晚期陶器上有原始文字。

从时代上来讲，与小河沿文化同阶段或比小河沿文化稍早的应是大汶口文化中、晚期。小河沿文化和大汶口文化之间的交流相当密切，小河沿文化常见的陶器有碗形豆、钵形豆、盘形豆、折肩盆等，大汶口文化遗址中也有出土这些同类器物。部分豆形器上的彩陶纹饰也基本一致。小河沿文化豆类陶器在其他同时期考古学文化中发现得较少，这显然是受到了大汶口文化的影响。[2]

（1）豆

大汶口文化的豆主要以泥质灰黑陶为主，烧制温度较高，质地坚硬，大部分表面经过磨光。大汶口文化有着多种不同形态的豆，其中有两种与小河沿文化的豆较为相似。[3] 第一种豆盘较浅，与小河沿文化钵式盘豆较为相似，如小河沿文化南台地遗址出土的陶豆（M24:3）与大汶口遗址出土的陶豆（M6:2），二者豆盘都较浅，形制上基本一致；第二种豆盘较深，形似盆状，与小河沿文化盆式盘豆较为相似。如小河沿文化南台地遗址出土的陶豆（M67:16）与大汶口遗址出土的陶豆（M68107:1），二者的形

---

[1] 井娟、王晓晨：《大汶口文化彩陶纹样赏析》，《东方收藏》2021年第1期，第19—24页。

[2] 宋振民：《小河沿文化多元文化因素融合现象的功能分析》，硕士学位论文，辽宁大学，2021年。

[3] 宋振民：《小河沿文化多元文化因素融合现象的功能分析》，硕士学位论文，辽宁大学，2021年。

制基本一致。（图1-42、图1-43）

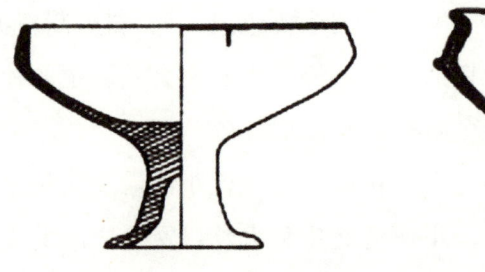

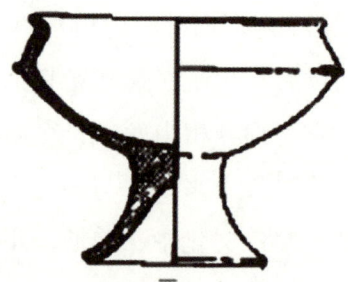

1—小河沿大南沟墓地 M24:32[1]；2—大汶口 M6:2[2]。

图1-42　小河沿文化与大汶口文化的钵式豆

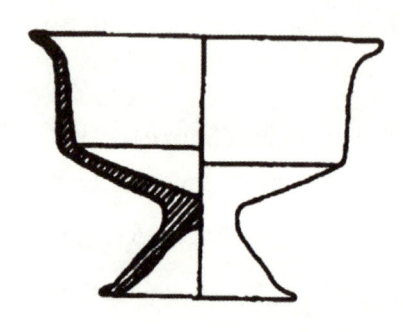

1—小河沿大南沟墓地 M67:162[3]；2—大汶口 M107:1[4]。

图1-43　小河沿文化与大汶口文化的盆式豆

1　辽宁省文物考古研究所、赤峰市博物馆：《大南沟——后红山文化墓地发掘报告》，科学出版社，1998年。
2　山东省文物管理处、济南市博物馆：《大汶口——新石器时代墓葬发掘报告》，文物出版社，1974年。
3　辽宁省文物考古研究所、赤峰市博物馆：《大南沟——后红山文化墓地发掘报告》，科学出版社，1998年。
4　山东省文物管理处、济南市博物馆：《大汶口——新石器时代墓葬发掘报告》，文物出版社，1974年。

（2）镂孔装饰

大汶口文化中期开始流行镂孔纹饰，以圆形镂孔为主，还有一定数量的菱形镂孔和三角形或倒三角形镂孔。圆形镂孔一般按竖排施纹，或者施满整个豆柄，菱形镂孔也多布满于整个柄上，三角形或倒三角形镂孔多与圆形镂孔、菱形镂孔组合施于豆柄，单独出现的较少。小河沿文化大南沟墓地出土的豆（M44:1）的柄部也为三角形镂孔，应来源于大汶口文化，但二者在施纹位置和布局上仍有着较大的差别。[1]（图1-44）

1—小河沿大南沟墓地 M44:1[2]；2—大汶口 M36:7[3]。

图1-44 小河沿文化与大汶口文化的豆

---

1 赵宾福：《关于小河沿文化的几点认识》，《文物》2005年第7期，第63—68页。
2 辽宁省文物考古研究所、赤峰市博物馆编著《大南沟——后红山文化墓地发掘报告》，科学出版社，1998年。
3 山东省文物管理处、济南市博物馆编《大汶口——新石器时代墓葬发掘报告》，文物出版社，1974年。

（3）壶

根据颈部和腹部的形态，可将小河沿文化的壶分为两种类型，分别是短颈壶和长颈壶。[1]长颈壶在小河沿文化的分布区及邻近的内蒙古中南部均未发现，而与之有关的宽肩壶在黄河下游地区大汶口文化中却有所体现。[2]大汶口文化宽肩壶的演变规律为器腹逐渐加深，腹部下壁反向内敛，小河沿文化的长颈壶亦是如此。不同的是，大汶口文化宽肩壶一般无耳，而小河沿文化宽肩壶大都饰有器耳。因此小河沿文化的长颈壶应是在大汶口文化的影响下而独立制作的。（图1-45）

1—小河沿大南沟墓地 M67:4[3]；2—大汶口 M10:51[4]。

图1-45 小河沿文化与大汶口文化的陶壶

---

[1] 宋振民：《小河沿文化多元文化因素融合现象的功能分析》，硕士学位论文，辽宁大学，2021年。

[2] 申颖：《小河沿文化的演进及与其他考古学文化的关系研究》，硕士学位论文，辽宁师范大学，2021年。

[3] 辽宁省文物考古研究所、赤峰市博物馆：《大南沟——后红山文化墓地发掘报告》，科学出版社，1998年。

[4] 山东省文物管理处、济南市博物馆：《大汶口——新石器时代墓葬发掘报告》，文物出版社，1974年。

（4）八角星纹

八角星装饰是大汶口文化早期彩陶的重要母题，以此为装饰的彩陶器十分精美。出土于山东泰安大汶口遗址的八角星纹彩陶豆（图1-46左），通高29厘米，陶豆由盆形盘和喇叭状高圈足构成，盘腹部用白彩在深红色陶衣上绘有五个方形八角星状纹饰，其间以两列白彩竖线间隔；高圈足上绘两周褐色彩带，彩带之上是两条相对的弧线构成的几何纹样，每一组弧线纹样很像是一个圆括号。通过俯视八角星纹彩陶豆，可以看到其口沿部分的装饰，即在平直的口沿上以红彩等距离绘制五组两两相对的半弧状纹，又以黑红两彩五条直线做间隔。

图1-46 大汶口文化八角星纹彩陶器[1]

八角星纹彩陶盆（图1-46右），出土于山东泰安大汶口遗址，通高约25厘米。盆的宽斜折沿上均匀绘多组含叶脉的叶片纹，间绘红黑直线。盆外壁以红陶衣打底，腹部满绘三层图案。其中，

---

1 井娟、王晓晨：《大汶口文化彩陶纹样赏析》，《东方收藏》2021年第1期，第19—24页。

多元一体——先秦时代的文化交流

上下层分绘黑底白彩斜栅纹,中层绘两个八角星纹,两星之间又以多个白色勾边的圆圈纹相接。

小河沿文化南台地遗址彩陶器座上的八角星图案,与大汶口文化刘林期大墩子彩陶盆上的八角星图案相似,其彩陶花纹的构图方法基本相同。其中一件彩陶器座为侈口,束腰,下口比上口稍大,上部口径22厘米,高13.8厘米。器身花纹为一个八角星,器座上下口沿绘有斜平行线组成的图案,口沿里也画有四组三个相连接的三角形。器座上正好可以放一件陶尊,陶尊下部花纹与器座花纹正好衔接,构成一幅完整的图案。[1]通过对比可以发现,南台地遗址的八角星纹装饰的源头可以追溯到海岱地区的大汶口文化。(图1-47)

图1-47 南台地遗址彩陶器座的八角星纹

大汶口文化主要分布于黄河下游地区,分布范围广,延续时间长。西辽河流域的小河沿文化与东方地区的大汶口文化之间存在着一定程度的相互交流,他们之间的交往正是体现在古人所遗留下来的文化遗迹特征上。小河沿文化和大汶口文化之间的交流

---

1 李恭笃:《辽宁敖汉旗小河沿三种原始文化的发现》,《文物》1977年第12期,第1–12页。

其实相当密切，特别是大汶口文化因素的对外传播、扩散，使西辽河流域的原始文化面貌发生了新的变化，形成了一个崭新的文化阶段。[1]

5. 与马家窑文化的关系

马家窑文化是甘青地区重要的新石器时代晚期文化，因最早发现于临洮县马家窑而得名。20世纪20年代初，瑞典学者安特生在甘肃临洮发现该遗址。马家窑文化的分布地域相当广阔，东起甘肃泾川县，西至青海同德县，北入宁夏中卫县，南达四川汶川县，包括甘宁青境内黄河及其支流泾河、渭河、洮河、大夏河、湟水和长江水系的西汉水、白龙江、岷江流域大部地区。马家窑文化不断西移，最早的遗存多在渭河上游的天水、武山一带，后来河湟地区成为中心，最后延伸至河西走廊。马家窑文化的年代约为距今5000—4000年，持续千年之久。[2]

在马家窑文化遗址发现的房屋多为半地穴式建筑，也有在平地上起建的，房屋的平面形状有方形、圆形和分间三大类，以方形房屋最为普遍。墓葬内一般都有随葬品，主要有生产工具、生活用具、装饰品等，少数随葬粮食和猪、狗、羊等家畜。有些墓地的随葬品，男性多石斧、石锛、石凿等工具，女性多纺轮和日用陶器，反映出男女间的分工。马家窑文化出土的陶器造型丰富，有壶、罐、盆、钵、瓶、勺等，不见鼎一类的三足器，也不见陶鬹和圜底釜。陶器质地有泥质和夹砂两种，夹砂陶多饰以绳纹，部分器物上部施彩，下部装饰有绳纹。陶质呈橙黄色，器表打磨

---

1 范杰：《小河沿文化玉器研究》，《渤海大学学报》（哲学社会科学版）2021年第43卷第4期，第22—27页。

2 马明达主编《广河县志》，兰州大学出版社，1995年，第518—519页。

得非常细腻。马家窑文化的彩陶特别发达，而且发现数量极多，彩绘图案主要有垂帐纹、水波纹、同心圆纹、重叠三角纹、漩涡纹、蛙纹和变体鸟纹等，并且出现了五人连臂的舞蹈纹和相当完整的人体全身塑像彩陶，体现了当时极高的工艺水准。部分彩陶上出现了"+""-""×""O"等十多种用黑笔写的符号。

小河沿文化与马家窑文化之间的共同因素在墓葬形制、葬俗、陶器等方面都有诸多体现。

（1）屈肢葬

马家窑文化的墓葬，经发掘的有2000多座，仰身屈肢葬葬俗是发现于甘青地区的新石器时代至青铜时代的一种习俗，应该是马家窑文化地域存在的一种独特丧葬习俗。屈肢葬在马家窑文化中有一个较为完整的发展过程，从马家窑类型时期开始出现屈肢葬，但一般为侧身屈肢。到了半山类型和马厂类型时期，葬式仍以仰身直肢葬为主，但屈肢葬的比重大大提升，仍以侧身屈肢为主，如土谷台、地巴坪、花寨子等墓地均以侧身屈肢葬为主，而且此时已经开始出现少数的仰身屈肢葬。

在小河沿文化哈啦海沟遗址中，我们可以看到相似的屈肢葬葬俗。哈啦海沟墓地M20是小河沿文化的典型墓葬，这是一个长方形土坑竖穴偏洞室墓。墓口长约150厘米，宽约70厘米，最深约45厘米。该墓穴的营造方法是先垂直向下挖掘一个长方形的竖穴，在东侧留一台阶，在西侧继续向下挖，然后再向西侧掏挖洞室。M20的墓主人是一位中年男性，年龄为30岁左右。葬式为仰身屈肢葬，墓主人的面部向上，双臂直伸，双腿戳立，小腿与身体近乎垂直。（图1-48）

图 1-48　哈啦海沟墓地 M20（葬式为仰身屈肢葬）[1]

（2）偏洞室墓

偏洞室墓是由竖穴墓发展而来，墓葬由竖穴、洞室和台阶三部分构成。其营造方法是先垂直向下挖长方形竖穴，在一侧留台阶，在另一侧继续向下挖，然后再向一侧挖洞室，呈平顶或拱形顶，洞室内低矮狭小。

这种独特葬式分布较广泛，在西部、北部以及秦传统地区都有发现。结合偏洞室墓出现的时间早晚及发展变化可知，辽西

---

[1] 张亚强：《内蒙古赤峰市哈啦海沟新石器时代墓地发掘简报》，《考古》2010 年第 2 期，第 19—35 页。

多元一体——先秦时代的文化交流

地区是偏洞室墓的发源地之一，后向西传播，对西部以及周围地区墓葬形制产生了一定影响。在甘青地区，发现属于新石器时代的马家窑文化半山类型的洞室墓。甘肃省兰州土谷台墓地属于半山——马厂类型的墓地，发掘的墓中就有洞室墓。而属于半山类型的一座墓的形制是由横穴式墓道和圆顶形天井式的椭圆形洞室构成，平面呈带圆形的凸字形。[1]（图1-49）

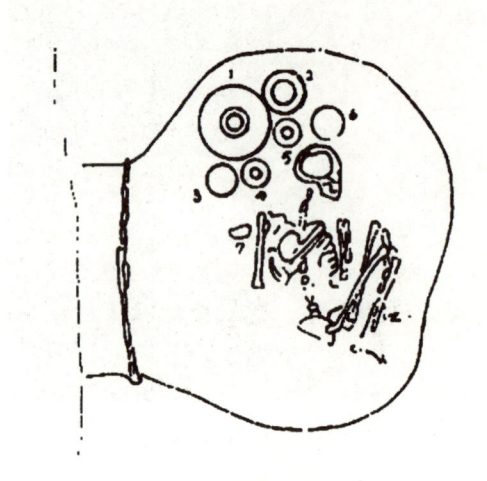

图1-49 马家窑文化洞室墓土谷台墓地M33

小河沿文化哈啦海沟墓地M35为长方形土坑竖穴偏洞室墓。墓口长192厘米，宽24厘米，最深54厘米，洞室进深50厘米，高34厘米，方向为8°。墓主人为女性，年龄为30—35岁。在发掘过程中，最早发现的是墓主人的骸骨，墓主人整个身子都在洞室内，随葬品有彩陶钵、石纺轮、石镯、蚌环等。（图1-50）

关于小河沿文化的洞室墓，有观点认为，洞室墓的出现是对窑洞式建筑的模仿，提出了马家窑文化洞室墓应是小河沿文化此

---

[1] 高滨侑子、韩钊：《中国古代洞室墓》，《文博》1994年第1期，第17—23页。

类葬俗的源头。另外一种观点认为，小河沿文化洞室墓距今5000年左右，而甘青地区的洞室墓出现在距今4500年左右，这应当是小河沿文化洞室墓向西传播的结果。[1]还有一些学者认为，马家窑文化半山类型的屈肢葬洞室墓来自于小河沿文化。目前，多数学者赞同辽西地区是偏洞室墓的发源地之一、后向西传播的观点，认为小河沿文化洞室墓对西部以及周围地区墓葬形制产生了一定的影响。

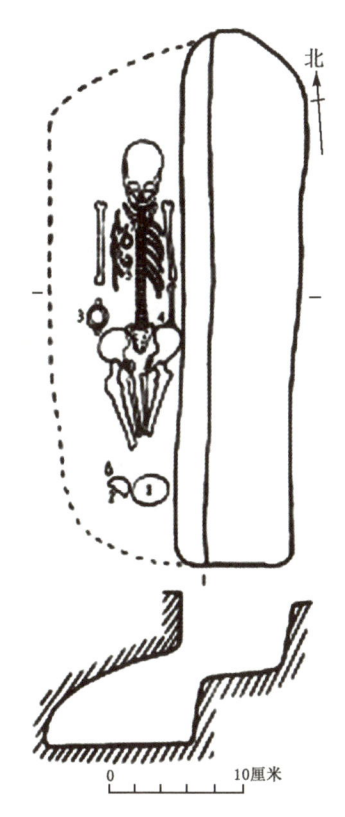

图1-50 小河沿文化哈啦海沟墓地M35偏洞室墓

---

[1] 韩建业：《中国先秦洞室墓谱系初探》，《中国历史文物》2007年第4期，第16—25页。

(3)异形壶

马家窑文化彩陶和小河沿文化彩陶有着相当的一致性。首先在纹饰布局方面,用平行线分区是马家窑文化彩陶绘制中的传统方式,在马家窑类型时期,彩陶的绘制就是用平行线作为区域分割的单位,到半山类型时期,更是有相当一部分彩陶用平行横线在上腹部勾勒出条带状区域,再在区域内绘彩;其次在基本纹样方面,锯齿纹、三角纹、平行线纹、折线纹、网格纹在马家窑文化和小河沿文化中皆存在,都作为彩陶纹饰的基本组成纹样,而且纹样内部也多采用平行、交叉和并列等方式组合。此外,马家窑文化中也存在复合彩的做法,且具有一定的数量。

马家窑文化半山类型有着相当数量的鸟形壶,见于边家林、菜园切刀把、兰州土谷台、永昌鸳鸯池等墓地,其形态也大致相似,皆有颈,圆腹,有尾。如边家林墓地 M1:36(图 1-51)泥质红褐陶,表面磨光,大口似鸮首,颈部绘平行黑色线纹,上腹部饰平行线纹,腹部饰三角纹,腹部扁圆,无耳,有尾,这与小河沿文化哈啦海沟墓地 M39:29 壶的形制十分相似,哈啦海沟墓地的壶头部更加接近鸮类,应是结合本地特点之后的再创作。这件鸟形壶为泥质红陶,口部呈鸟喙形、大张,腹部扁圆,腹部两侧各有一桥形耳,尾端上面有两个穿透的小孔,尾端侧面还有三个小孔。上腹部饰黑彩,背部、上腹部两侧和前面各有一个张口的蛇纹,在蛇纹中间还夹有鸟纹和逗点纹。

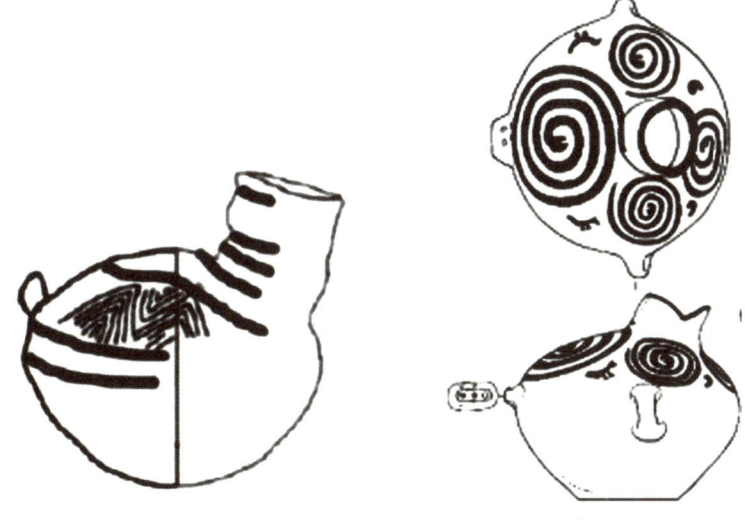

1—边家林 M1：36[1]；2—哈啦海沟 M39:29[2]。

图 1-51 马家窑文化和小河沿文化的鸟形壶

    小河沿文化的年代与马家窑文化相近，根据魏坚先生的研究，庙子沟类型的某些陶器器型、彩陶纹饰以及房址的做法与马家窑文化十分相似，两者应有过文化上的交流和接触。另外在庙子沟类型的庙子沟遗址中发现有屈肢葬，皆侧身，这与马家窑文化屈肢葬的做法基本一致。庙子沟文化作为马家窑文化与小河沿文化之间文化交流的中间站，在庙子沟文化遗址发现有二者的共同文化因素。因此，马家窑文化发达的彩陶文化对小河沿文化有一定的影响，如异形壶。

---

[1] 宋振民：《小河沿文化多元文化因素融合现象的功能分析》，硕士学位论文，辽宁大学，2021年。

[2] 张亚强：《内蒙古赤峰市哈啦海沟新石器时代墓地发掘简报》，《考古》2010年第2期，第19—35页。

6. 与庙子沟文化的关系

苍茫险峻的阴山山脉以其雄浑的气势横亘在内蒙古高原中部，阴山南部地区丘陵起伏，河流蜿蜒曲折，江河湖泊星罗棋布，在这片区域分布着众多的原始文化聚落，庙子沟遗址就坐落在这里，是目前内蒙古中南部地区发掘面积最大、遗迹保存最完整、出土遗物最为丰富的遗址。这处距今约5500年的原始村落遗址于1985年开始大规模考古发掘，该遗址共清理房址51座，沿南北向成排分布。庙子沟文化遗迹中没有发现墓地，但在部分房址和近四分之一的窖穴、灰坑中出土有78具人骨，发现有利用居住址内的窖穴、灶坑和居住面埋葬死者的现象。这些发现有人骨的房址居住面和房址内外的窖穴，很明显并非是专门用来埋葬死者的墓地，而是在不得已的情况下利用了房址及其内外的窖穴作为墓地的。考古学家推测是因为突然遭遇了瘟疫，这样的埋葬方式更加省力，可以节省时间迁移。葬式以仰身直肢葬为主，还存在一定数量的屈肢葬。由于特殊的废弃原因，庙子沟遗址基本保留了当时的生活原貌，在大部分房址内发现了成套的生产工具、生活用具及装饰品。

以庙子沟遗址为代表的庙子沟文化阶段，生产活动应以农业经济为主，以狩猎、饲养业为辅，居民应当以家庭或家族组成一个生产生活单元，社会组织可能已经进入偶婚制氏族家庭阶段。庙子沟文化时代为公元前3700—前3000年。该文化主要分为三种地方类型，即庙子沟类型、阿善二期类型和海生不浪类型。庙子沟文化主要分布在内蒙古中南部地区，以呼和浩特平原为中心，北起阴山南麓，南抵晋陕，东接张北，西迄鄂尔多斯高原。发现的典型遗址有庙子沟、大坝沟、王墓山和红台坡上等。庙子沟文化与马家窑文化产生与发展的时间大致相同，而且所表现出的文化面貌有诸多相似之处。

庙子沟文化遗址出土的陶器分泥质、夹砂、砂质三类，以泥质为主，陶色有褐、灰、红、黄、黑、白诸色。陶器的器表以饰绳纹和素面磨光者占绝大多数，其次为饰泥条附加堆纹和附加乳钉、圆形泥饼者，另外还有少量的彩陶及压印纹、凹旋纹、划纹、方格纹等纹饰，其中绳纹多为竖绳纹和斜绳纹，还有一定数量的左右交叉拍印的交错绳纹。陶器制作方法以手制为主，多采用泥条盘筑法，少数器物的口部有慢轮修整的同心圆划痕。一般器物的口部、肩部及中腹多磨光较好，器表光滑，下腹多素面，器表遗留有刮、抹的痕迹，少量的夹砂陶整体素面抹光。主要器类有侈沿鼓腹罐、夹砂侈口罐、大口平唇罐、筒形罐、小口双耳壶（罐）、喇叭口尖底瓶、侈沿曲腹盆、敞口折腹盆、曲腹钵、折腹钵、漏斗、器盖、小杯、偏口壶等。

在陶器器型方面，小河沿文化的陶器群中，有些器型如高领双耳壶、侈口双耳罐、敛口曲腹钵盆、敞口折腹钵盆等，与庙子沟文化的同类器相似。

（1）小口双耳鼓腹壶

庙子沟文化出土的陶器多为实用器，按用途可以分为生活用具、生产工具、装饰品三类。小口双耳瓶是用于生活中的水器、盛煮器。大坝沟遗址出土的小口双耳壶与小河沿文化出土的陶壶形制十分相似，都是小口、束颈、鼓腹、小平底，腹部饰有双耳，皆为竖环耳，且两者文化的此类器物中都存在下腹部内收的现象。（图1-52）

多元一体——先秦时代的文化交流

1—庙子沟文化小口双耳壶 QD Ⅱ H19:1[1]；2—小河沿文化陶壶 M74:4[2]。

图 1-52　庙子沟文化陶壶与小河沿文化陶壶

（2）侈口双耳罐

庙子沟类型中存在一定数量的侈口罐，主要分为饰双耳

1—庙子沟文化双耳罐 QMF38:8[3]；2—小河沿文化双耳罐 M28:4[4]。

图 1-53　庙子沟文化与小河沿文化的双耳罐

1　内蒙古自治区文物考古研究所、魏坚：《庙子沟与大坝沟——新石器时代遗址发掘报告》（下），中国大百科全书出版社，2003年。

2　辽宁省文物考古研究所、赤峰市博物馆：《大南沟——后红山文化墓地发掘报告》，科学出版社，1998年。

3　内蒙古自治区文物考古研究所、魏坚：《庙子沟与大坝沟——新石器时代遗址发掘报告》（下），中国大百科全书出版社，2003年。

4　辽宁省文物考古研究所、赤峰市博物馆：《大南沟——后红山文化墓地发掘报告》，科学出版社，1998年。

和不饰双耳两种。不饰双耳者，器身多施加交错绳纹；饰双耳者，多素面。两种罐的主要区别就是有无双耳，在形态上并无太大不同。这两种形态的侈口罐在小河沿文化中都可以见到，其中不加双耳的侈口罐数量较少。两种文化的侈口罐都表现出大口、宽折沿、束颈、上腹鼓的共性。（图1-53）

（3）敛口曲腹钵

陶钵是庙子沟文化的主要器型，同时也常见于小河沿文化遗址中。庙子沟遗址出土的敛口曲腹钵与小河沿文化大南沟遗址出土的钵形制相似，均表现出敛口、曲腹、下腹内收以及小平底的特征。（图1-54）

1—庙子沟文化敛口曲腹 QMM28:1[1]；2—小河沿文化陶钵 M35：1[2]。

图1-54 庙子沟文化与小河沿文化的敛口曲腹钵

（4）折沿鼓腹罐

在辽西地区的其他文化中没有发现折沿鼓腹罐，但在庙子

---

[1] 内蒙古自治区文物考古研究所、魏坚：《庙子沟与大坝沟——新石器时代遗址发掘报告》（下），中国大百科全书出版社，2003年。
[2] 辽宁省文物考古研究所、赤峰市博物馆：《大南沟——后红山文化墓地发掘报告》，科学出版社，1998年。

沟文化中，却出土有相似的器型，此类器型在庙子沟文化之前少有出现，该类器物的原型应该是庙子沟文化的侈沿夹砂罐（图1-55）。因此，小河沿文化中的折沿鼓腹罐是吸收了庙子沟文化同类器物的因素而衍变产生的。

1—庙子沟文化 QD1F9:3[1]；2—小河沿文化陶罐 M46:2[2]。

图 1-55　庙子沟文化与小河沿文化的折沿鼓腹罐

（5）筒形罐

筒形罐作为陶器中极其重要的炊器，是小河沿文化的典型器型。庙子沟文化炊器器型十分丰富，多以侈沿夹砂罐、筒形罐和少量的平口夹砂罐作为炊器。庙子沟文化的筒形罐为夹砂褐陶、直壁、深腹、平底、圆唇，器壁略有弧度，器身装饰有网纹。庙子沟筒形罐 QMH22:4 与小河沿文化大南沟墓地出土的筒形罐 M5:1 形制十分相似（图 1-56）。

1　内蒙古自治区文物考古研究所、魏坚：《庙子沟与大坝沟——新石器时代遗址发掘报告》（下），中国大百科全书出版社，2003年。
2　辽宁省文物考古研究所、赤峰市博物馆：《大南沟——后红山文化墓地发掘报告》，科学出版社，1998年。

1—庙子沟筒形罐 QMH22:4[1]；2—小河沿文化筒形罐 M5:1[2]。

图1-56　庙子沟文化与小河沿文化筒形罐

（6）折腹盆

庙子沟文化中出土的折腹盆，与小河沿文化的同类器物具有较高的一致性，可能是红山文化折腹盆的继承者。（图1-57）。

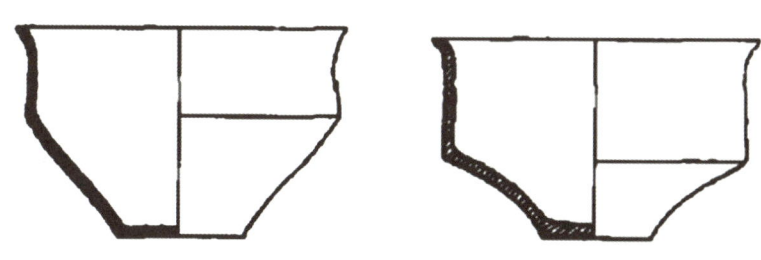

1—庙子沟文化折腹盆 H31:5；2—小河沿文化折腹盆 M4:2。

图1-57　庙子沟文化与小河沿文化的折腹盆[3]

1　内蒙古自治区文物考古研究所、魏坚：《庙子沟与大坝沟——新石器时代遗址发掘报告》（下），中国大百科全书出版社，2003年。
2　辽宁省文物考古研究所、赤峰市博物馆：《大南沟——后红山文化墓地发掘报告》，科学出版社，1998年。
3　赵宾福：《关于小河沿文化的几点认识》，《文物》2005年第7期，第63—68页。

这些遗迹、遗物现象反映出小河沿文化和庙子沟文化之间各同类因素的存在，是相互影响、相互借鉴、紧密融合的结果。

7. 与偏堡子文化的关系

偏堡子文化是我国北方新石器时代晚期文化中分布范围相当广泛的遗存，它得名于1956年辽宁省沈阳市新民县偏堡沙岗子遗址的发现。[1]偏堡子文化的年代大致在公元前3500—前2500年，与小河沿文化大致处于同一时期，主要分布在辽河流域，分布较广，下辽河流域的沈阳、辽东半岛、丹东、本溪、通辽地区也有发现。

考古发掘出土的偏堡子文化陶器以夹砂陶为主，均为手制，主要采用泥条盘筑而成，器壁较薄，器型主要有筒形罐、鼓腹罐、壶、圈足钵、碗、盂、盆等。壶腹部常装饰有两个或四个器耳；叠唇筒形罐是偏堡子文化的代表性器物，口沿外贴附一周泥条，器身常装饰有两种纹饰，一种是细泥条附加堆纹，附加堆纹有平行横或竖行泥条带、波浪形泥条带；另一种是刻划纹装饰，刻划纹有斜线纹、锯齿纹、三角纹、人字纹、弓字形纹等，其中纵向的条形堆纹是偏堡子文化中具有标志性的装饰。偏堡子文化出土的工具主要有石斧、磨制锛、凹尾石镞、石核、石片、刮削器、细石器等。

由于地理位置及文化继承等因素，小河沿文化与偏堡子文化在整体文化面貌上虽有所差别，但因一定程度上的相互交流与影响，在器物上体现出一些相似性，这种相似性可以从装饰附加堆纹这一特征上得到印证。小河沿文化和偏堡子文化都有

---

[1] 山西省文物管理委员会：《太原义井村遗址清理简报》，《考古》1961年第4期，第203—206页。

比较发达的条形堆纹，构图和布局形式相近，直线和曲线的组合应用非常灵活自如，绞索效果惟妙惟肖。条形堆纹分布地域虽然不广，但却因其特征鲜明、结构巧妙而很早就引起研究者的关注。目前来看，这种纹饰主要发现于小河沿文化和偏堡子文化中，但两者之间的个性区别也比较明显。同为条形堆纹，小河沿文化的泥条较长，通常在器身口部施一道或多道横向附加堆纹，其余的纵向条纹即以此为起点向下延伸，直至下腹部，垂下来的泥条末端在器腹部呈悬空形式。而偏堡子文化的泥条则明显较小河沿文化的短，它的口部和下腹部均有同样较粗的横向附加堆纹，两道堆纹之间塑纵向条形堆纹，贯通器身上下。因此从效果来看，小河沿文化的条形堆纹像绳索一样从口部向下作悬挂状，而偏堡子文化则因其堆纹末端有横条加固，更像一个捆扎牢固的网兜状结构。偏堡子文化时期，施条形堆纹的区域显然有所扩大，最南可到达辽东半岛南端及沿海岛屿，纹饰特征与下辽河流域的纹饰特征基本一致。

偏堡子文化因素与小河沿文化因素，大量共存于南宝力皋吐墓地中，二者的年代应大体相当，相互间有过一定的文化交流。南宝力皋吐墓地是一处新石器时代晚期墓地，距今约4500—5000年。南宝力皋吐墓地所处地理位置很特殊，它的南面是西辽河流域，西面为草原地带，东面与肥沃辽阔的松嫩平原相通，西南与赤峰地区比邻，是东北地区各种原始文化交错融合的敏感地带。

在南宝力皋吐墓地发掘出的随葬品具有明显的特性，同时又带有周边地区史前文化的特征。该遗址是多种文化的交汇处，因为发现了小河沿文化、偏堡子文化以及昂昂溪文化因素的共存例证。严文明先生认为,根据目前出土材料来看,南宝力皋吐遗存年代清楚,是几种文化的融合。[1]朱延平先生认为,南宝力皋吐遗址在科尔沁文化中有标志性的作用。从发现的文物上看,这里既有小河沿文化的痕迹,又有大汶口文化的影子,更有牛河梁红山文化的因素,来自不同方面的文化在这里汇聚,是一处规格很高的文化遗存。南宝力皋吐墓地随葬陶器的成分比较复杂,其中出土的陶器有双口壶、网纹筒形罐、尊形器、钵等,装饰纹样有三角纹、斜向条纹、回形纹等,明显具有小河沿文化的特征。

(1)双口壶

南宝力皋吐墓地出土的陶壶多为夹细砂的质地,表面涂泥有磨光处理的现象,陶色为黄褐色或褐色,少量器物呈灰褐色,采用手制法——泥片套接技术。器物主要特征为高领,敞口或直口,圆唇,球形或卵形腹,小平底,多在壶肩腹部装饰对称双耳;腹部及领部常装饰有刻划或压印复线几何纹。常见纹饰有三角形、回形、斜线纹、Z形字纹等。其中一件双口壶(AM52:8)通高13厘米,质地为夹细砂黄褐陶。口部呈侈口,方圆唇,短口径大小明显不一,小口径3.8厘米,大口径4.5厘米,溜肩,鼓腹,底部内凹。肩部双口间各有一桥形双耳。腹部饰由短斜线组成的横向、竖向和斜向条纹装饰。在小河沿文化大南沟遗址出土有形制相同的双流壶(M34:1),质地亦为夹砂红陶,器腹扁圆,平底,腹部附有两桥状耳。(图1-58)

---

[1] 郝文秀:《寻觅逝去的历史文明》,《通辽日报》2010年9月6日。

1—小河沿文化 M34:1[1]；2—南宝力皋吐 AM52:8[2]。

图1-58　小河沿文化与南宝力皋吐类型的双口壶

（2）网格纹筒形罐

筒形罐是小河沿文化中最为常见的一种器型，多为夹砂灰陶，形制常为微敛口、深直腹，腹部多饰有双耳，大部分筒形罐口下饰附加堆纹，器身饰平行或交叉绳纹，多短疏而杂乱，有的细密而规整。南宝力皋吐墓地出土的筒形罐一般呈灰色或黄褐色，夹细砂，采用手制——泥片套接的制作工艺。器型为直口或微敛口，尖圆唇，深腹微弧，平底。装饰纹饰分为两类：一是呈绳索和条带状的堆塑附加泥条；二是刻划、压印和戳刺弦纹、几何纹、网纹、篦点纹等。南宝力皋吐筒形罐（AM59:4）通高约12厘米，夹砂灰褐陶，敛口圆唇，弧壁，底稍内凹，腹壁上部有桥状对称小双耳，口沿下附加一匝泥条，其下腹壁饰网格纹，口沿和近底部做了磨光处理。小河沿文化大南沟墓地筒形罐（M40:2）与南宝力皋吐

1　项春松：《内蒙古赤峰大南沟新石器时代墓地的发掘》，《文物》1997年第4期，第18—33页。

2　内蒙古自治区文物考古研究所、扎鲁特旗人民政府：《科尔沁文明：南宝力皋吐墓地》，文物出版社，2010年。

墓地筒形罐（AM59:4）形制相同，均为敛口，尖圆唇，深腹微弧，且器身同样装饰有网格纹。（图1-59）

1—南宝力皋吐类型筒形罐 AM59:4[1]；2—小河沿文化筒形罐 M40:2[2]。

图1-59 小河沿文化与南宝力皋吐类型的网格纹筒形罐

（3）回形纹图案

南宝力皋吐墓地出土一件陶壶（BM29:3），为夹细砂质灰陶，散口，圆唇，长颈，弧腹，圈足，肩部有桥状对称双耳，其颈部装饰有一周回形纹，回形内填短斜线纹，腹部饰条形纹、三角形纹，斜条形内填短斜线纹。哈啦海沟遗址出土有2件彩绘陶尊形器，长颈部同样也装饰有一周回形纹。如尊形器M3:9通高约10厘米，敞口，窄沿外折，长颈部与腹部之间折棱明显，斜直腹内收成平底，折棱上部刻划有一周纹，颈部与口沿部位饰红彩回形纹。这两件

---

1 内蒙古自治区文物考古研究所、扎鲁特旗人民政府：《科尔沁文明：南宝力皋吐墓地》，文物出版社，2010年。

2 辽宁省文物考古研究所、赤峰市博物馆：《大南沟——后红山文化墓地发掘报告》，科学出版社，1998年。

器物（BM29：3与M3：9）均为夹砂黑陶，饰红彩，属彩绘陶，遇水极易脱落。通过对小河沿文化与南宝力皋吐类型回形纹装饰的研究，可以明显看出大南沟墓地陶器的装饰手法与小河沿文化彩陶的回形纹有高度的一致性。（图1-60）

1—南宝力皋吐类型壶BM29:3[1]；2—小河沿文化彩绘陶尊形器M3:9[2]。

图1-60　小河沿文化与南宝力皋吐类型的回形纹陶器

在陶器器型与纹饰方面，南宝力皋吐类型与小河沿文化之间存在许多相似性，小河沿文化因素与南宝力皋吐类型因素在南宝力皋吐墓地中共存，在年代上，二者也大致处于同一时期，可能是因为地理位置相邻，从而使两个文化的人群产生过密切的文化交流。

---

[1] 内蒙古自治区文物考古研究所、扎鲁特旗人民政府：《科尔沁文明南宝力皋吐墓地》，文物出版社，2010年。
[2] 张亚强：《内蒙古赤峰市哈啦海沟新石器时代墓地发掘简报》，《考古》2010年第2期，第39页。

（四）小结

小河沿文化继承了西辽河流域赵宝沟文化、红山文化等传统文化因素，同时在发展过程中又受到了黄河中、下游地区考古学文化的影响，它的文化特征兼具了大汶口文化、庙子沟文化、马家窑文化、偏堡子文化等考古学文化的因素。

长期生存在本区域的小河沿文化人群，对本区域以圆形房址、筒形罐、尊形器、装饰品以及细石器工艺为代表的文化传统有着一定的继承。小河沿文化的来源，主要是继承了分布在同一地区且在年代上可衔接的赵宝沟文化和红山文化的因素，同时又吸收了其他周邻地区的文化因素。红山文化为主要来源，赵宝沟文化为间接的次要来源。

在小河沿文化的形成过程中，仰韶文化的式微、马家窑文化的东进和大汶口文化的扩张等时代巨变使小河沿文化人群在外部环境面临着极大挑战。海岱地区的大汶口文化与小河沿文化年代相近，大汶口文化的扩张对小河沿文化产生过一定的影响。从小河沿文化常见的碗形豆、钵形豆、盘形豆、折肩盆等陶器都可以看到大汶口文化的因素。黄河流域的马家窑文化、庙子沟文化与小河沿文化的交流也较为频繁，如在墓葬形制、葬俗、陶器等方面都有诸多文化特征可以体现彼此之间的影响。庙子沟文化与小河沿文化存在着文化交流与互动，且庙子沟文化受到小河沿文化的影响较多，二者在陶器的种类、形制及纹饰上有着诸多相似之处，是相互影响的结果。

小河沿文化与东北地区的偏堡子文化、南宝力皋吐类型有过十分密切的文化交流。如偏堡子文化中的附加堆纹因素受到小河沿文化的影响，在陶器器型上，南宝力皋吐墓地出土的陶器有双口壶、网纹筒形罐、尊形器等，其装饰纹样为三角纹和斜向条纹、回形纹等，明显具有小河沿文化的特征。

在与其他考古学文化的交流互动中，小河沿文化通过不断吸收和汲取外来文化因素，将其中较为先进的部分用来丰富和发展自己，同时也将自身文化中较有特色的因素传播至其他考古学文化中，对其他地区考古学文化也产生了深远的影响。小河沿文化与其他考古学文化之间的互动研究，对于研究史前社会的形成与发展问题，以及探明多元一体的中国古代文明起源，有着积极的促进作用和深远的意义。[1]

---

[1] 申颖：《小河沿文化的演进及与其他考古学文化的关系研究》，硕士学位论文，辽宁师范大学，2021年。

下编　青铜时代

一、朱开沟文化

（一）朱开沟文化的发现

朱开沟文化因发现于内蒙古鄂尔多斯市伊金霍洛旗纳林陶亥乡朱开沟村的朱开沟遗址而得名，该文化主要分布在内蒙古中南部及其邻近地区，向南至吕梁山、晋中以北和陕北地区，北抵阴山山脉脚下，东界在张家口地区附近，西可达贺兰山东麓。通过综合分析所出土的遗迹、遗物，可以看出朱开沟文化的年代上限相当于距今4200多年的原始社会晚期，下限相当于距今3500年的商代前期。由于该文化具有鲜明的地域特点，文化面貌独特，内容丰富，延续时间长，又有自身的分布区域，故考古学界将以朱开沟遗址为代表的遗存命名为"朱开沟文化"。

朱开沟遗址地处鄂尔多斯高原的东部，海拔1300～1400米，自东北向西南流向的朱开沟河到达纳林塔之后，汇入束会川，再继续向南流入牛川、窟野河，最后汇入黄河之中。朱开沟遗址便分布在沟壑纵横的朱开沟深处，在朱开沟内，东西长约2公里、南北宽约1公里的范围内都有遗迹分布。1974年，考古工作人员在朱开沟村发现了一处古人类遗址；1977年，内蒙古自治区文物考古研究院田广金先生主持朱开沟遗址首次发掘；其后，随着长城沿线遗址调查的不断深入和内蒙古自治区、晋北、冀北、辽宁等地长城沿线考古工作的开展，新的考古研究成果不断被发现，考古学家认为朱开沟文化可能对内蒙古尤其是鄂尔多斯地区的龙山时代与青铜时代考古学文化的性质、发展序列以及青铜器起源问题的探讨具有十分重要的作用，故分别在1980年、1983年和1984年对朱开沟遗址进行了三次发掘。1988年发表了发掘简报[1]，2000年又出版了正式发掘报告[2]。特别是在1983年，在该遗址晚期的墓葬中，发现了时代最早的鄂尔多斯青铜短剑、青铜刀及随身佩戴的青铜装饰品等。这些重要发现，为填补内蒙古中南部地区早期青铜文化的空白，深入研究长城地带西部地区青铜文化的发展序列及其内涵，以及探讨鄂尔多斯青铜器的起源等问题提供了极其重要的资料。同时，也为中国北方游牧经济的起源等重大研究课题的探讨提供了重要依据，使得这一领域的研究工作向前迈出了坚实的一大步。经研究表明，朱开沟文化的兴起和发展，标志着鄂尔多斯地区首先完成了人类历史的第一次社会大分工，即畜牧文化从原始的农业文化中分离出来，从而缔造了中国北方原始畜牧文化的雏形，这对中国古代社会发展史具有划时代的意义。

朱开沟遗址发掘总面积大约4000平方米，共发现居住房址83座，灰坑和窖穴207个，墓葬329座，瓮罐葬19座。出土可复原陶器约510件，石器270余件，骨器420余件，铜器50余

---

1 内蒙古自治区文物考古研究所：《内蒙古朱开沟遗址》，《考古学报》1988年第3期。
2 内蒙古自治区文物考古研究所、鄂尔多斯博物馆：《朱开沟——青铜时代早期遗址发掘报告》，文物出版社，2000年。

件[1]。除此之外，考古人员还采集到大量的陶器标本和动物骨骼标本，这对研究朱开沟文化的性质有着重要的作用。

对于朱开沟文化的起源问题，考古学界认为其主体来源于鄂尔多斯地区的龙山时代文化，具体是由老虎山文化晚期的白草塔类型发展来的。朱开沟文化出土的双鋬鬲、单把鬲、敛口甗、盉、斝、带钮罐、篮纹折肩罐、双耳罐、单耳罐、长颈壶、大口尊、高领尊、斜腹盆、直柄豆等大部分陶器，都与以白草塔F8、二里头ⅡH98为代表的白草塔类型同类器近似，故认为朱开沟文化是继承了老虎山文化的白草塔类型[2]。

大约4200年前，在内蒙古中南部，以鄂尔多斯地区为中心的区域内，老虎山文化先民在这里不断延续，并发展成为这里的主体人群，同时他们还不断地吸收、借鉴其周围文化群体的影响，从而形成了自己的人类社会集团。朱开沟人在这片大地上延续了800多年的时间，在此期间，他们创造出北方地区原始社会末期的辉煌，在农业、手工业和畜牧业方面都达到了较高的水平。朱开沟人的经济生活方式以种植农作物为主，当时，他们已经可以比较熟练地掌握种植农作物的技术，农作物成为他们的主要食物来源。此外，在朱开沟文化遗址中发现了盉、小方杯、圆杯、三角杯等陶质酒器，这说明当时人们已经掌握了酿酒技术。当然，除了种植农作物之外，朱开沟人还学会了饲养家畜，在朱开沟文化遗址中，发现了大量的猪、牛、羊的骨骼，说明当时的养畜业十分发达，这样的生活方式在我国的北方地区也一直延续到现在。

1　内蒙古自治区考古研究所：《内蒙古朱开沟遗址》，《考古学报》1988年第3期。
2　张忠培：《朱开沟遗存及其相关的问题》，《中国北方考古文集》，文物出版社，1990年。

朱开沟人可以制作陶器、石器、骨器等，在朱开沟文化晚期，朱开沟人已经较为熟练掌握了青铜冶炼技术，能够制作出一些比较大型的青铜器物，例如青铜戈、短剑、刀、护牌等兵器。

在当时的社会生活中，私有化已经产生，社会出现了贫富分化，同时，由于农业经济占主导，男性的劳动力决定了农业生产效率，这使男性的社会地位超过女性，成为当时社会的主导力量。在朱开沟文化的墓葬中，出现了夫妻合葬及妻、妾殉葬墓，还有瓮棺葬，随葬品的种类和数量及葬式都显示出男女有别和贫富分化，表明男女社会地位有高低之分，各个社会成员也有等级高低之分。

到了距今 4000 年左右时，由于西部干冷气候的进入，东部的自然环境开始恶劣，这大大影响了当时的农业生产环境，农业生产逐渐衰落。但朱开沟人没有选择迁徙到其他地域从事农耕生产，而是凭借自己的聪明才智，改变了生产方式，减少农作物的种植，增加了牛、羊、马等家畜的养殖项目，从而弥补因农作物减少而导致的食物不足。经济形式也从以农业为主向半农半牧业过渡。正因为这次经济转变，在当地形成了区别于同时期中原文化的鲜明的草原文化特色。此后，北方民族开始了以畜牧业为主导的经济生活方式。

朱开沟文化的内涵十分复杂，既有南来文化因素的渗透，也有相邻北方某些青铜文化的影响。考古学家根据朱开沟遗址陶器的形制以及自身的发展序列等将其分为甲、乙、丙、丁四组。

甲组，朱开沟第一至第四段墓葬所出的陶器，代表器型是单把鬲，与单把鬲共存的陶器有双耳罐、单耳罐、单耳碗、豆、簋、折肩罐、花边罐等（图 2-1）。

多元一体——先秦时代的文化交流

1—鬲（M2001:1）；2—双耳罐（M2001:2）；3—豆(M2001:3)；
4—单耳碗(M3027:4)；5—单耳罐(M3027:4)；6—花边罐(M6021:2)[1]。

图 2-1　朱开沟甲组陶器

乙组，代表器型是鋬手鬲和篮纹三足瓮，与之共存的器物有折口瓿和斝等（图 2-2）。

1　田广金：《内蒙古朱开沟遗址》，《考古学报》1988 年第 3 期。

112

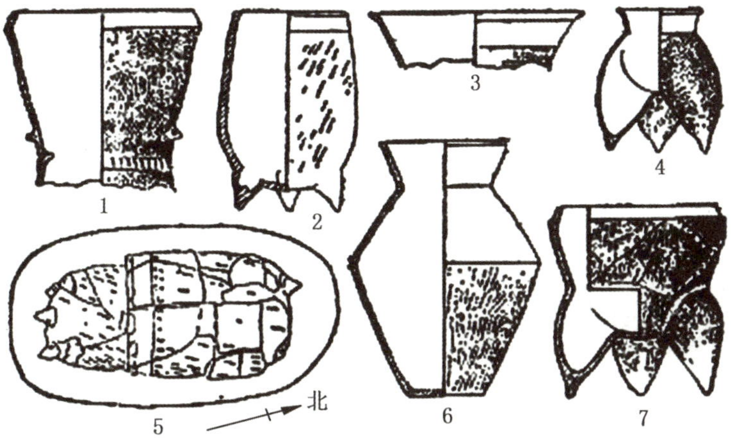

1—折口甗 (W 2002:2)；2、5—三足瓮 (W 2006:1)；3—大口尊 (T 229 ⑤ :2)；4—鋬手甗 (W 2002:1)；6—折肩罐 (W 2013:1)；7—斝 (W 2003:1)[1]。

图 2-2 朱开沟乙组陶器

丙组，代表器型是棱纹鬲和绳纹三足瓮，与之共存的器物有侈沿盆、盆形甗、带钮罐、鼓腹罐等（图 2-3）。

1 崔璿：《朱开沟遗址陶器试析》，《考古》1991 年第 4 期。

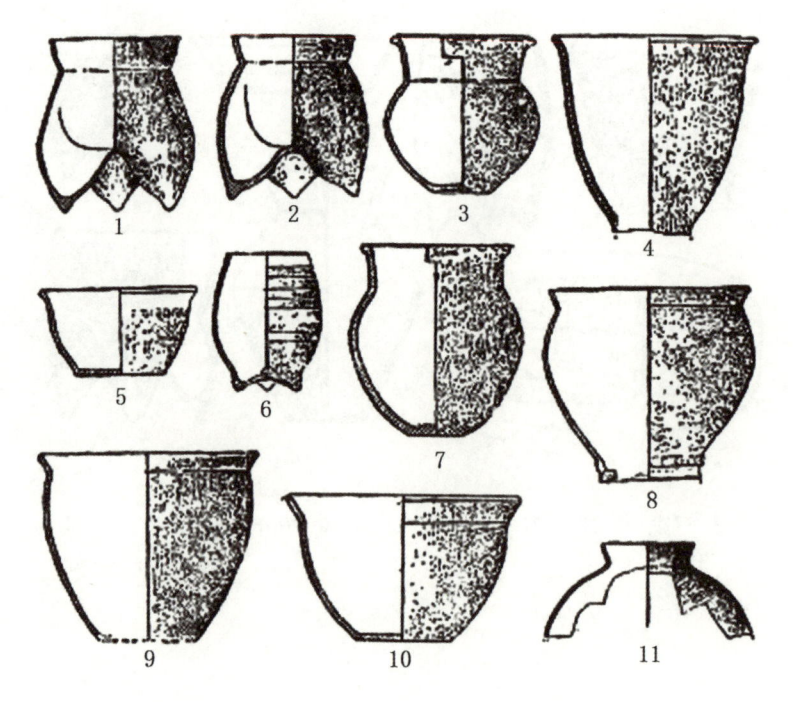

1、2—棱纹鬲（W 2004；2—QH 79:4）；3、7—带钮罐（M 2006:3、M 2006:2）；4、8、9—盆形甗（W 40001:2、W4001:1、W2004:3）；5、10—侈沿盆（W2004:1、QH79:3）；6—三足瓮（F2037:1）；11—鼓腹罐（F2037:1）(说明：6、11 编号原文均为 F2037:1) [1]。

图 2-3 朱开沟丙组陶器

丁组，代表器型是花边鬲。因未见与其他三组陶器共存的实例，故单列为丁组。（图 2-4）

---

[1] 崔璿：《朱开沟遗址陶器试析》，《考古》1991 年第 4 期。

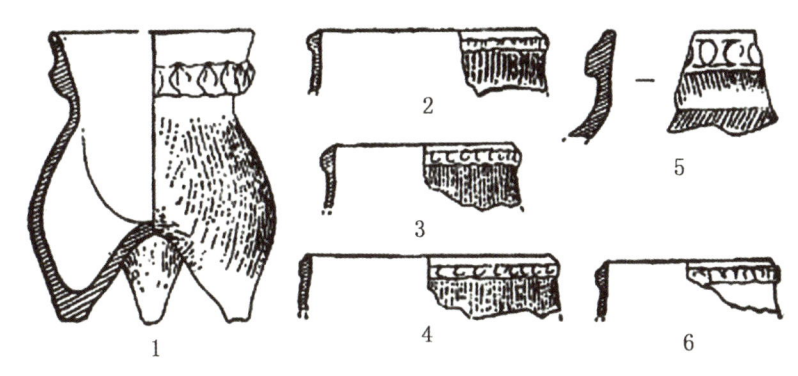

1~6—花边鬲（M 3002:1、T 229④:3、T 217②:1、T 230③:1、H 4006:6、T 227⑤:1)[1]。

图2-4　朱开沟丁组陶器

当然，朱开沟文化与其他文化一样，并不是独立发展形成的，在800多年的发展历程中，朱开沟文化和周边其他文化有着不同程度的交流，或多或少都受到了其他文化的影响。在朱开沟文化的遗迹、遗物中，皆能发现其他文化的特点。不同文化之间的相互交流和影响，加强了不同文化群体之间的联系，丰富了自身文化的内涵，推动了人类社会的不断向前发展。虽然受其他文化的不断影响，并且有了周边文化的一些特点，但是发挥主导作用的永远是自身主体文化因素，具有自身鲜明的特点，再加上融合了周边文化因素，就形成了兼容并蓄的朱开沟文化。

（二）朱开沟文化与其他文化的交流

1. 与关中地区客省庄二期文化的关系

客省庄二期文化是属于新石器时代晚期的陕西龙山文化，因1955年发现于陕西西安市西南的沣河西岸、丰镐地区客省庄而

---

[1] 崔璿：《朱开沟遗址陶器试析》，《考古》1991年第4期。

得名。年代约为公元前2300—前2000年，主要分布在渭河、泾河流域。出土的陶器以灰陶为主，大多是泥质陶，纹饰以篮纹、绳纹居多。陶器以鬲、斝三足类炊器为主，饮食器中，罐、碗较多，折肩小平底瓮为其他文化遗址中较罕见的器型。在遗址中，发现房址10座，皆半穴居，居住面为硬面和白灰面，分单室和吕字形室，内室中间有烧灶面，外室有龛形壁炉、窖穴。还发现大量的袋形窖穴。[1]出土遗物中，石器数量比重大，其中农业工具约占全部工具的三分之一。从出土有大量石刀来看，说明农作物较多；从出土有猪、狗、牛、羊的遗骸来看，家畜饲养也较为发达；大量渔猎工具的存在，说明渔猎经济占有一定的地位。此外，还发现将羊的肩胛骨进行烧灼后制成的卜骨，应为原始宗教占卜器物。[2]因该文化在陕西具有龙山文化的特征，故又称陕西龙山文化。

在年代上，客省庄二期文化存在的时间与朱开沟文化早期阶段相差不多，同时，二者都是继承龙山文化而发展起来的，但又都是在各自地区文化的基础上发展的，故二者既自成体系，又有相互的联系。通过对比客省庄二期文化和朱开沟文化，可发现朱开沟文化遗存中确实有一些文化因素与客省庄二期文化相似，二者之间应该存在一定的直接联系。[3]朱开沟第一至第四段墓葬中出土的陶器有单把鬲、双耳罐及高领罐、单耳罐、盉等。这种以高领单把鬲和双大耳罐、高领鼓腹罐和长流盉为主要特征的遗存未见于朱开沟文化的房址及其他东南部的遗址，但却与客省庄二

1　张忠培：《客省庄文化及其相关问题》，《考古与文物》1980年第4期。
2　梁星彭：《试论客省庄二期文化》，《考古学报》1994年第4期。
3　魏坚、崔璇：《内蒙古中南部原始文化的发现与研究》，《内蒙古文物考古文集》第一辑，中国大百科全书出版社，1994年。

期文化的陶器器型相似，故推断这是二者之间相互交流的结果。其中，朱开沟文化的单把鬲和豆在发展过程中曾受过外来文化因素的影响，但在本地区的发展脉络清晰，虽然在形态上与客省庄二期文化相似，但这两种文化分别受单把釜形斝和单把罐形斝的影响，应该是两种不同的谱系。而朱开沟文化遗存中的部分器型如双耳罐、大双耳罐及花边罐等，均受客省庄二期文化的影响。（图2-5）

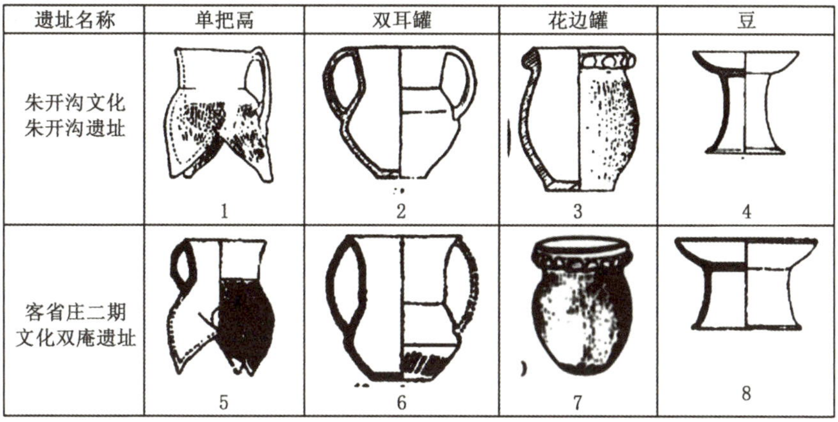

遗址名称	单把鬲	双耳罐	花边罐	豆
朱开沟文化朱开沟遗址	1	2	3	4
客省庄二期文化双庵遗址	5	6	7	8

1—朱开沟遗址单把鬲（M2001:1）；2—朱开沟遗址双耳罐（M2001:2）；3—朱开沟遗址花边罐（M6021:2）；4—朱开沟遗址豆（M3027:6）；5—双庵遗址单把鬲（H4:39）；6—双庵遗址双耳罐（H9:16）；7—桥村遗址花边罐（H4:24）；8—双庵遗址豆（ⅠH11:1）[1]。

图2-5　朱开沟遗址与客省庄二期文化双庵遗址器型相似的陶器

1　图1-4参见田广金：《内蒙古朱开沟遗址》，《考古学报》1988年第3期。图5、6、8参见西安半坡博物馆：《陕西岐山双庵新石器时代遗址》，《考古学集刊》第三集，中国社会科学出版社，1983年。图7参见甘肃省博物馆考古队：《甘肃灵台桥村齐家文化遗址试掘简报》，《考古与文物》1980年第3期。

经推断，朱开沟文化遗址中出土的一些器物如双耳罐、花边罐等，应该是最早出现在关中地区，后来随着人们的迁徙，这类器物不断向北传播，经过晋北、陕北等地，越过黄河，直到传入内蒙古中南部的朱开沟文化人群中。当然也有可能的是，这类文化因素最早出现在内蒙古中南部，逐渐向南传入关中地区的客省庄二期文化中。但是这类器物在各自文化遗址中出现的都较少，所占器物比重也比较小，所以推断两种文化之间存在一定的相互交流、相互影响，但是对各自文化因素和文化面貌的影响不大，两者应该是文化面貌相近、异地并行发展的两种文化。[1]

2. 与豫北、冀南地区后岗二期文化的关系

后岗二期文化是豫北冀中南即太行山东麓地区最常见的考古学文化之一，因于1931年在安阳市后岗遗址第二期遗存中被发现，故称后岗二期文化。该文化主要分布在豫北和冀南地区，文化因素波及鲁西地区，现已发现的遗址有安阳市后岗、八里庄，冀南的邯郸市涧沟和龟台等。后岗二期文化的房屋大都是圆形的"白灰面"建筑。陶器以泥质灰陶和夹砂灰陶为主，有少量的红陶，制法有轮制、手制和模制。发现的墓葬不多，还发现卜骨和穿孔龟甲。[2] 通过对该文化遗存，尤其是房址和陶器的分析，发现其对朱开沟文化有一定的影响。

在内蒙古中南地区龙山文化晚期的遗址中，发现的房址一般为方形、长方形或者圆角方形，圆形房址极少，但在朱开沟文化遗址中，出现了数量较多的圆形房址，主要发现于第二段（夏代早期），

---

1 杨泽蒙：《朱开沟文化因素分析及周邻地区考古学文化的关系》，《岱海考古（二）——中日岱海地区考察研究报告集》，科学出版社，2001年。

2 唐云明：《关于"后岗第二期文化"类型有关问题的讨论》，《中原文物》1983年第3期。

在第四段（夏代晚期）也有少量发现，多为大型房址，门朝南或东南向，圆形灶居中，墙上有柱洞。在朱开沟文化周邻考古学文化中，这种圆形房址也很少有出现，只有位于豫北、冀南的河南安阳后岗、汤阴白营等遗址的龙山时代晚期遗存中盛行此类圆形房址，且二者房址形制十分相似（图2-6）。由此可推断，朱开沟文化圆形房址应该是在后岗二期文化的影响下而产生的。[1]

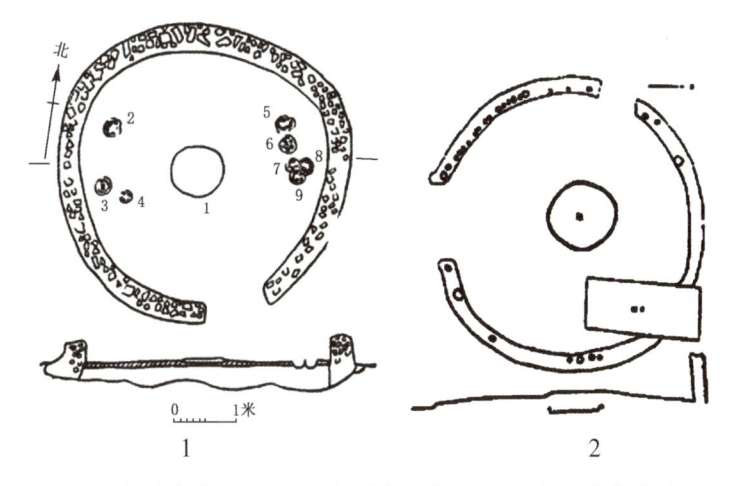

1—朱开沟遗址F2026平、剖面图；2—河南汤阴白营遗址F37平、剖面图[2]。

图2-6 房址比较图

除了房址形状上存在影响之外，在陶器上，后岗二期文化对朱开沟文化也有一定的影响。朱开沟文化的盆形甗、盆、盉和鬶

1　李世伟：《后岗二期文化与周邻文化关系及相关问题研究》，硕士学位论文，郑州大学，2016年。
2　图1参见田广金：《内蒙古朱开沟遗址》，《考古学报》1988年第3期。图2参见河南省安阳地区文物管理委员会：《汤阴白营河南龙山文化村落遗址发掘报告》，《考古学集刊》（第三集），中国社会科学出版社，1983年。

等陶器，应源自豫北地区，其中盆形甗的上腹为深腹盆形，这种形制的甗在河南汤阴白营、安阳后岗、永城王油坊等豫北龙山文化遗存中出土数量最多。如图2-7，朱开沟遗址与安阳后岗遗址的甗上腹都为深腹盆形，形制相同。还有与这种甗上部形态相同的侈沿深腹盆，也是在豫北地区的后岗二期文化遗址中出土数量最多。

1—朱开沟遗址盆形甗（W2005:1）；2—安阳后岗遗址甗（H50:8）[1]。

图2-7 甗的比较图

根据年代可判断出，这种上腹为深腹盆形的甗在豫北地区出现的时间相对早于朱开沟文化，因此推断这类器物应该最早出现在豫北地区，并沿着太行山东麓，经张家口地区传播到内蒙古中

---

[1] 图1参见田广金：《内蒙古朱开沟遗址》，《考古学报》1988年第3期。图2参见中国社会科学院考古研究所安阳工作队：《1979年安阳后冈遗址发掘报告》，《考古学报》1985年第1期。

南部。[1] 这种文化因素的传入，使得朱开沟文化面貌产生了一些变化，主要对第二段墓葬的影响较为强烈，但是在整个朱开沟文化中所占据的比重并不是很大，并与当地的文化因素快速结合，因此，它的出现并未影响到朱开沟文化的发展轨迹。

3. 与陕西神木石峁考古学遗存的关系

石峁遗址位于陕西省榆林市神木市高家堡镇石峁村的秃尾河北侧山峁上，地处陕北黄土高原北部边缘，是目前中国已发现的龙山晚期到夏朝早期规模最大的城址。2006年被评定为全国重点文物保护单位，并被命名为石峁类型。石峁遗址面积约425万平方米，距今约4000年左右，属新石器时代晚期至夏代早期遗存。这个曾经的"石城"寿命超过300年，有的专家推测其可能是黄帝的都城昆仑城。也有学者提出，石峁遗址可能是夏早期中国北方的中心，也就是夏代的都城遗址"夏都"。[2]

陕西神木石峁遗址发掘面积不大，其重要性却是十分突出的，石峁遗址中出土的遗迹和遗物虽然无法揭露整个文化的面貌，但是从出土物来看，大部分器物都与朱开沟文化同类器物相同，而且在石峁遗址中发现了一些瓮棺葬和石棺葬，[3] 例如早在1981年对石峁遗址进行试掘时，就发现了4座石棺葬和1座瓮棺葬（图2-8）。这两种葬式在内蒙古中南部也是比较流行的，其中瓮棺葬在朱开沟文化的第一至五段墓葬就有发现（图2-9）。

---

[1] 杨泽蒙：《朱开沟文化因素分析及与周邻地区考古学文化的关系》，《岱海考古》（二），科学出版社，2001年。

[2] 孙周勇、邵晶：《石峁遗址皇城台大台基出土石雕研究》，《考古与文物》2020年第4期。

[3] 戴应新：《陕西神木县石峁龙山文化遗址调查》，《考古》1977年第3期。

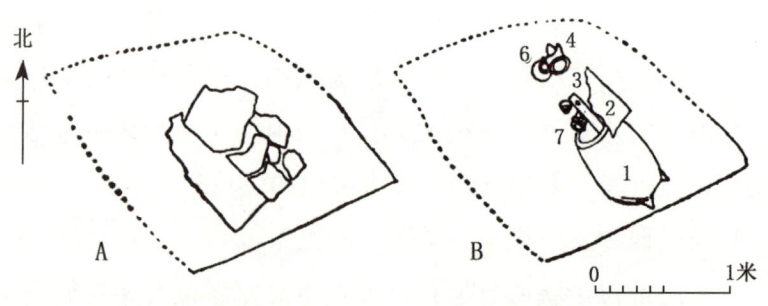

A 石棺葬墓椁盖板　　　　B 石椁板下之瓮棺
1—袋足瓮；2—残缸；3—石刀；4、7—陶斝；
6—陶罐；8—绿松石[1]。

图 2-8　石峁遗址石棺葬 M2 平面图

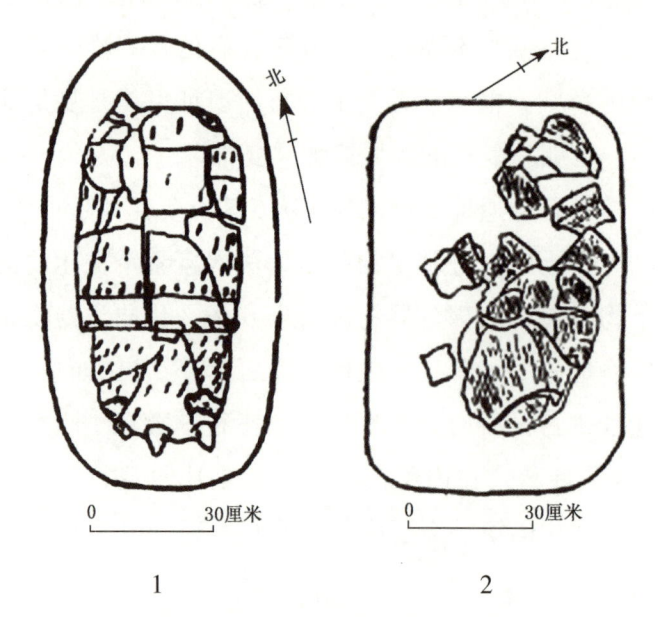

1—W2006；2—W2014[2]。

图 2-9　朱开沟文化瓮棺葬

1　魏世刚：《陕西神木石峁遗址调查试掘简报》，《史前研究》1983 年。
2　田广金：《内蒙古朱开沟遗址》，《考古学报》1988 年。

122

陶器方面，石峁遗址中出土的三足瓮、敛口斝、单把鬲、大口尊、折肩罐等与朱开沟遗址出土的器物极为相似（图2-10）。其中，石峁遗址出土的鬲的数量要远远大于朱开沟遗址的鬲的数量，石峁遗址虽然可能受到其周边的客省庄二期文化的影响，但是鬲的形制与朱开沟遗址中出土的鬲基本一致，鬲的两侧都带有凸起物，应该是方便端取，这种形制属于双鋬盆形鬲，这与客省庄二期文化有着明显的区别。因此，考古学家们认为，石峁遗址应该是一处属于朱开沟文化系统的新石器时代遗址。[1]

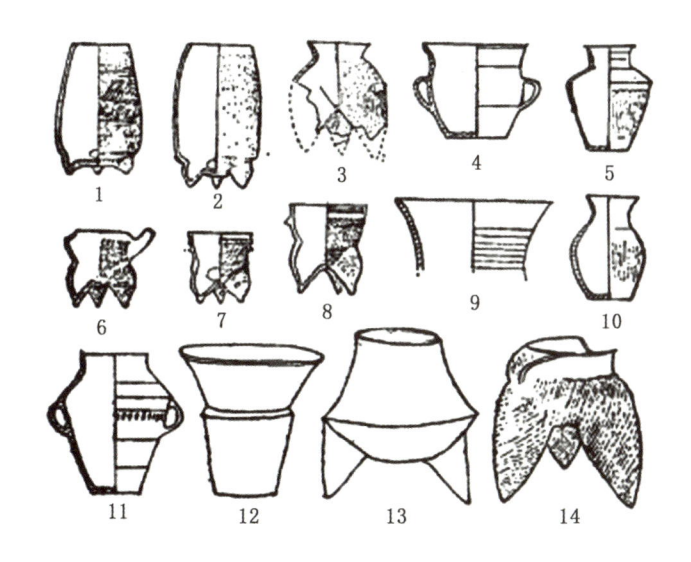

1、2—三足瓮（采:4、MZ:1）；3—鬲(Hl:10)；4—双耳罐；5—罐（采:15）；6—盉(Hl:4)；7、8—鬲(MZ:4、7)；9—大口尊(HI:12)；10—罐（采:21）；11—双耳罐；12—尊；13—鼎；14—鬲[2]。

图2-10 石峁遗址出土的陶器

---

[1] 杨泽蒙：《朱开沟文化因素分析及与周邻地区考古学文化的关系》，《岱海考古》（二），科学出版社，2001年。

[2] 梁星彭：《试论客省庄二期文化》，《考古学报》1994年第4期。

4. 与晋西南地区陶寺类型的关系

陶寺类型因山西省襄汾县陶寺遗址而得名，年代大致在公元前2300—前1900年，是与王湾三期文化、三里桥文化等相平行的一类中原地区龙山时代考古学文化，主要分布于晋南地区的临汾盆地，即峨嵋岭以北汾河下游及其支流浍河、滏河流域，其分布东至安泽沁河以东，南抵峨眉岭北麓，西越吕梁山到达黄河东岸，北到霍县霍山以东。陶寺文化可分为早、中、晚三期，其陶器的陶质以夹砂灰陶和泥质灰陶为主，另有少量的夹砂褐陶、泥质褐陶和泥质黑陶，晚期的泥质陶多为轮制，三足器为手、模合制，陶胎轻薄，火候较高，陶色纯正。典型器物有釜灶、直壁缸、扁壶、鬲、斝、单耳罐、大口罐、小口折肩罐、折腹盆、深腹盆、浅盘豆、单耳杯、碗、钵等。[1]

朱开沟文化早期阶段的遗存中，无论是在陶器的陶质、陶色、纹饰、制法及陶器的形制、种类，还是在生产工具等方面，都与以曲沃东许、襄汾陶寺等遗址为代表的龙山文化陶寺类型晚期遗存有一定的相似因素。[2]例如朱开沟遗址中出土的直口盆形肥袋足鬲，这种袋足鬲主要分布于晋南地区，尤其在襄汾陶寺遗址和曲沃方城遗址出土最多，故应该不是朱开沟文化自己所固有的一种文化因素，而是受到龙山文化陶寺类型的影响。这两种文化的鬲在造型上十分相似，都有着比较肥大的袋足，且领口处相对笔直（图2-11）。

---

[1] 中国社会科学院考古研究所山西工作队等：《山西襄汾陶寺遗址发掘简报》，《考古》1980年第1期。

[2] 山西省考古研究所、曲沃县博物馆：《山西曲沃东许遗址调查、发掘报告》，《三晋考古》第二辑，山西人民出版社，1996年。

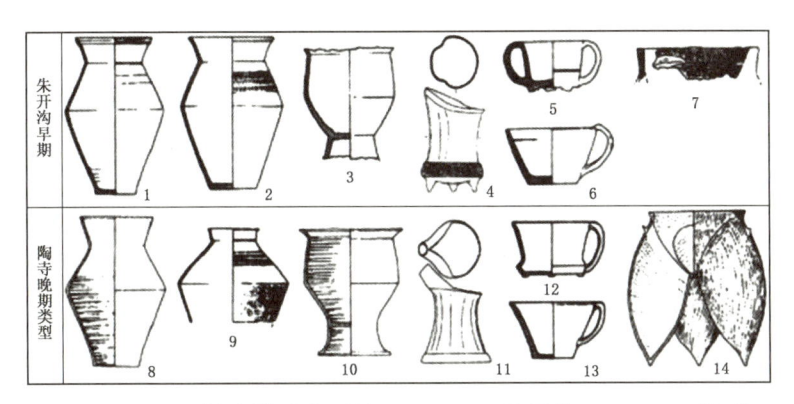

1、2、8、9—折肩罐（朱开沟 M1051:7、朱开沟 M3024:4、陶寺 M2384:2、东许 H6:4）；3、10—甗（朱开沟 M1033：3、陶寺Ⅲ H303:18）；4—鬶形器（朱开沟 M1010:2）；5、12—三足杯（朱开沟 M2020:2、东许 H3:2）；6、13—单耳杯（朱开沟 M3027:4、东许 T3 ④:2）；7、14—大肥袋足鬲（朱开沟 F1018:2、陶寺Ⅲ H303:12）；11—盉形器（陶寺 H3406:3）[1]。

图 2-11 朱开沟早期与陶寺遗址晚期的陶器

然而，朱开沟文化和龙山文化陶寺类型之间的文化传统、文化面貌等方面的差异性，依然远远大于它们所拥有的共性。这些差异具体表现在陶寺类型晚期遗存中的陶器，泥质磨光黑陶的数量明显多于朱开沟文化早期遗存的黑陶数量；朱开沟文化早期遗存中也基本不见陶寺类型陶器群中特有的扁壶、圈足罐、折腹盆、深腹罐等器物。而在朱开沟文化陶器群中，独具特征的三足瓮、A 形鬲、盉、A 形豆、双耳罐、大口尊等器物也基本不见于陶寺类型遗存中；朱开沟文化和陶寺类型的炊器虽都以鬲为主，但主要鬲种却分属于不同的谱系；陶寺类型晚期大量流行的盆形肥袋足鬲，在朱开沟文化并不占据十分重要的地位（图 2-12）。朱

---

1 田广金、韩建业：《朱开沟文化研究》，《考古学研究》2003 年。

多元一体——先秦时代的文化交流

开沟文化广盛行的双鋬手带领鬲、花边鬲等，在陶寺类型中少见或不见；陶寺类型中，斝多甗少，而朱开沟文化则甗多斝少。此外，朱开沟文化和龙山文化陶寺类型中，具有形制相同或相近的器物，除前者 A 形簋等少数器物可能源自陶寺类型外，其他器物或属于同一文化内共同拥有的文化因素，或受同一邻近地区考古学文化的影响。

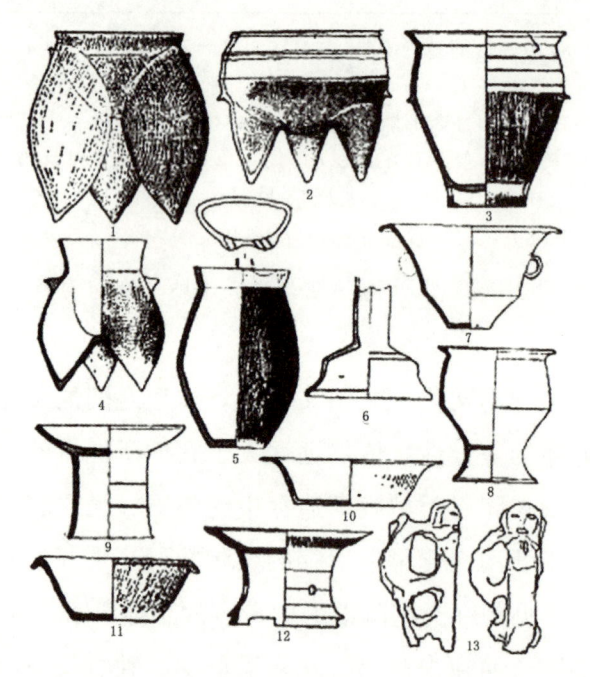

1—陶鬲（Ⅲ H303:12）；2—陶斝（Ⅲ H303:13）；3—圈足罐（Ⅲ H303:14）；
4—陶鬲（Ⅳ T404④:11）；5—扁壶（Ⅴ区采集）；6—器盖（Ⅲ H303:22）；
7—折腹盆（Ⅲ IH303:17）；8—陶簋（Ⅲ H303:18）；9—陶豆（Ⅲ 303:19）；
10—敞口盆（M296:1）；11—深腹盆（Ⅲ H302:27）；12—陶豆（Ⅲ H301:3）；
13—器鋬（Ⅰ T102:⑤:1)(1、12.3/40，2—11.1/10，13.3/10）[1]。

图 2-12　陶寺遗址晚期陶器

1　高天麟、张岱海：《山西襄汾县陶寺遗址发掘简报》，《考古》1980年第1期。

经过对两种文化器物类型的具体分析，表明朱开沟文化与龙山文化陶寺类型之间有一定的交往，但交往不多。此外，朱开沟文化在早期与关中、晋南等地区文化间的交流，可能是通过陶寺类型作为媒介来完成的。[1]

5. 与晋南地区龙山时代文化、二里头文化东下冯类型及商代前期考古学文化的关系

（1）与晋南地区龙山时代文化的关系

广义的晋南包括临汾和运城，可分为垣曲盆地、运城盆地和临汾盆地三个地区，是商王朝重要的战略要地，文化源远流长。

以芮城南礼教、垣曲龙王崖、夏县东下冯[2]等遗址为代表的晋南地区龙山时代晚期遗存，基本上可以归属龙山文化三里桥类型[3]。三里桥类型，因河南省三门峡市三里桥遗址而得名，年代大体在公元前2500—前1900年，主要分布在豫西、晋南及关中交界地区，是与王湾三期文化、客省庄文化同时期的新石器时代考古学文化。其陶器以灰陶为主，兼有陕西龙山文化及河南龙山文化王湾类型器物的特点，单把绳纹鬲、罐形斝、单耳罐、双腹盆、单耳杯等为基本器物组合。经济生产方式以种植粟类作物为主，遗存有房址、陶窑、墓葬等，葬式为仰身直肢葬。一般认为其直接渊源为庙底沟二期文化，祖源则是仰韶文化的西王村类型，发展去向可能是二里头文化。

与朱开沟文化相比较，二者不但在陶器的陶质、陶色、纹饰、

---

1 杨泽蒙：《朱开沟文化因素分析及与周邻地区考古学文化的关系》，《岱海考古》（二），科学出版社，2001年。

2 徐殿魁、王晓田、戴尊德：《山西夏县东下冯遗址东区、中区发掘简报》，《考古》1980年第2期。

3 宋建忠：《山西龙山时代考古遗存的类型与分期》，《文物季刊》1993年第2期。

制法及形制上有相似之处，部分生产工具及房址的形制等也具有一定的相似之处。存在于两种文化的器物或者形制相似的器物有錾手带领鬲、单把鬲、高领折肩罐、单把罐、单耳碗等。其中晋南地区出土的双錾手鬲等器物应源自内蒙古中南部，后经过晋中地区，向南传到了晋南地区。但两地的单把鬲、高领折肩罐等器物与客省庄二期文化同类器物之间，虽具有相互影响的成分，但主体因素则是有各自的源头，是异地并行发展起来的文化因素。

当然，两种文化之间的整体差异远大于真共性。晋南地区龙山时代文化是在本地区的庙底沟二期文化基础上发展而来的，与朱开沟文化面貌差异较大，是两种不同系统的考古学文化。晋南地区庙底沟二期文化以釜灶、鼎为主要炊器，而朱开沟文化的祖源则是以饰"五花大绑"式泥条附加堆纹的直壁缸、斝式鬲、甗等为主要炊器，老虎山等遗址为代表的内蒙古中南部地区龙山时代的考古遗存。晋南地区龙山时代晚期遗存中的炊器以夹砂折沿罐、斝、甗为主，继续使用釜灶、鬲的数量比较少，形制也比较单一。朱开沟文化的炊器则以鬲、甗为主，斝的数量比较少，其中，鬲数量多且形制多样，和晋南地区差别很大。

因此，尽管朱开沟文化早期阶段遗存与晋南地区龙山时代晚期遗存具有一定相同或相似的特征，但这种相似性更多是由于传统相同文化因素在异地并行发展而保持的结果，直接的联系和交往并不是很多。二者所发生的部分联系和交往，亦可能是通过龙山文化陶寺类型等遗存作为媒介进行的。

（2）与晋南地区二里头文化东下冯类型的关系

东下冯类型因山西夏县埝掌公社东下冯遗址而命名的，与河南西部发现的二里头文化类型相区别，其文化面貌与偃师二里头遗址的遗存有很多相同或相似之处，故也被归入二里头文化之中，属于二里头文化的一个类型。在1959年的考古调查中，发现了东下冯遗址，并于1974年开始发掘，主体遗存被分为六期，其中第一至四期与二里头文化前四期相当，而五、六期则相当于二里岗文化。东下冯类型遗址与二里头遗址亦有些相异之点，如炊器中，鬲多鼎少，还发现单耳罐等陶器，但却未见二里头遗址中常见的三足盘、刻槽钵、觚等，而出现了敛口瓮、蛋形三足瓮和洞式房子等二里头遗址中未见的遗存。

二里头文化东下冯类型的代表遗址主要有夏县东下冯、襄汾县大柴[1]等，其存在的年代与朱开沟文化中期大致相当，两种文化之间的文化因素有相似或相同的地方。两种文化的陶器都是以灰陶为主，纹饰也多以绳纹为主，有些器物上也会施加附加堆纹等纹饰。两种文化的器物造型也有相似之处，如一些器物上会带有鸡冠状錾手或者是舌形錾手。两种文化间也存在着一些相近的独具特色的器物，比如三足瓮、侈口盆形腹甗、花边罐、带錾罐、四足方杯等。其中，东下冯类型第二至五期的三足瓮、高领鬲及鬲足端带竖向沟槽和横向捆绑痕迹，具有朱开沟文化的因素；东下冯类型晚期发现的有腰隔盆形甗也与朱开沟文化同类器物近似；大柴遗址的三足瓮的足变为中空的乳状袋足，或可说明朱开沟等北方地区考古学文化因素对东下冯类型晚期三足瓮的影响进一步加深（图2-13）。在生产工具方面，这两种文化遗存中也都发现了有后背弯身的石刀。因此，在晋南地区东下冯类型遗址中发现的这类器物，应该是从朱开沟文化传播过来的。而四足方杯这样的器物，则应该是由东下冯类型向北传播至朱开沟文化

---

1 高天麟、李健民:《山西襄汾县大柴遗址发掘简报》，《考古》1987年第7期。

的[1]。由此可见，二里头文化东下冯类型和朱开沟文化之间存在着相互交流、相互影响的关系。

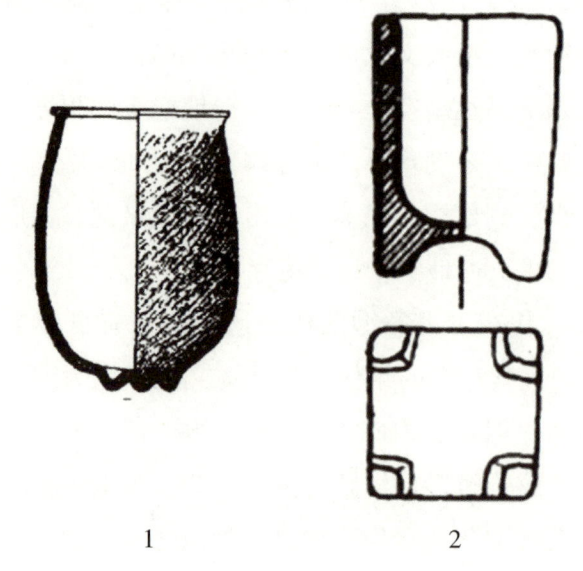

1—蛋形三足瓮（H23:2）；2—四足方杯（H402:19）[2]。

图2-13　东下冯类型三足瓮和四足方杯陶器

（3）与晋南地区商代前期考古遗存的关系

晋南地区商代前期考古遗存以东下冯、垣曲商城和平陆前庄三个遗址为代表。考古学家们一般认为，商代前期考古遗存的部分文化因素是在龙山文化东下冯类型的基础上发展而来的，整体文化面貌与商代二里岗文化面貌有相似之处，其中东下冯商代遗存中出土的陶器中，有鬲、簋、甗、大口尊等。

1　杨泽蒙：《朱开沟文化因素分析及与周邻地区考古学文化的关系》，《岱海考古》（二），科学出版社，2001年。
2　徐殿魁、王晓田、戴尊德：《山西夏县东下冯遗址东区、中区发掘简报》，《考古》1980年第2期。

晋南地区商代前期考古遗存的年代相当于朱开沟文化晚期，并且在这一时期都发现了平折沿深腹盆、弧折沿浅腹盆等器物（图2-14），两者均为泥质灰陶，为折沿深腹平底盆。朱开沟文化晚期出现了双系罐等，说明在后期发展过程中，朱开沟文化和晋南地区保持交流。而且，商代二里岗文化对朱开沟文化晚期阶段的影响，或许是通过晋南地区的相关遗存来完成的。

1—朱开沟五期（H2024:3）；2—东下冯商代前期（H401:12）[1]。

图2-14 朱开沟文化与东下冯商代的盆

6. 与晋中地区诸考古学文化的关系

晋中地区是指汾河中游河谷地区，其东北至系舟山，西北达云中山，东南侧为太岳山，西侧抵吕梁山，北部为太原盆地。考古学上的区域范围为晋东山地和晋西高原山地的部分地区，有汾阳杏花村、峪道河、薛家会、忻州游邀、晋中太古白燕等考古学文化遗存。

（1）与汾阳峪道河等遗存的关系

汾阳峪道河遗址[2]位于山西省汾阳市峪道河镇，发现仰韶、

---

[1] 图1参见田广金：《内蒙古朱开沟遗址》，《考古学报》1988年。图2参见徐殿魁、王晓田、戴尊德：《山西夏县东下冯遗址东区、中区发掘简报》，《考古》1980年第2期。

[2] 山西省考古研究所：《山西汾阳县峪道河遗址调查》，《考古》1983年第11期。

龙山、夏、东周和汉等几个时期的遗存，主要为仰韶文化（庙底沟类型）和龙山（晚期）文化遗存，1978年对其进行了较为细致的调查。该遗址分布广阔，由李家沟向北到田褚、水泉，向东至崖头、峪口等，包括几个自然村，面积约680万平方米，与东堡遗址、上贤遗址连成一线。该遗址文化遗存丰富，暴露遗物有瓮棺葬、长方形竖穴坑，东西向。经调查，发现瓮棺2件，两瓮口对口对扣在墓穴内，遗物有陶器残片，包括小口尖底瓶、弦纹罐、彩陶钵、泥质陶盆，以线纹为多。采集标本有石斧、陶环、石刀、陶刀、盘状器、鬲、豆、甑等器物。

峪道河遗址年代大致相当于朱开沟文化早期，也就是朱开沟文化源起和形成的时间。峪道河遗址出土龙山文化时期遗存中的

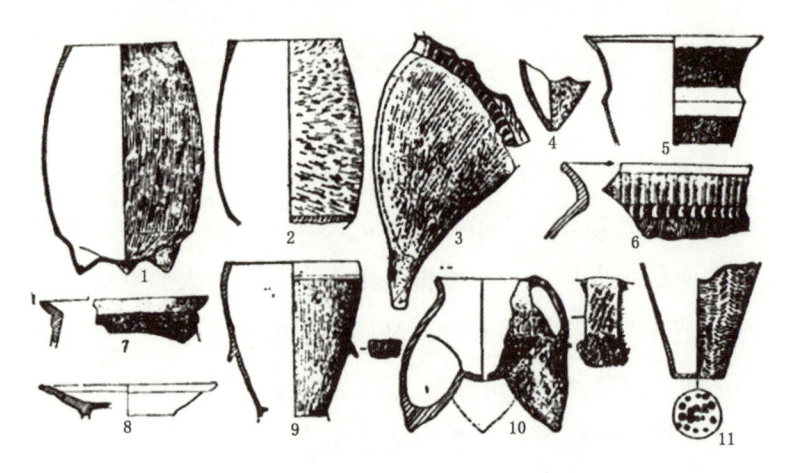

1、2—蛋形三足瓮（W2:1、W2:3）；3、4、6—鬲；5—尊（W3:4）；7—夹砂罐；8—豆；9—甗（W3:2）；10—斝；11—甑（W3:3）[1]。

图 2-15 峪道河遗址出土的陶器（龙山文化）

---

1 王克林、海金东：《山西汾阳县峪道河遗址调查》，《考古》1983年第3期。

W2、W3与朱开沟文化第一段，不论是从陶器组合、器物形制上看，还是从瓮棺葬葬俗、葬具上看，都存在着很多相似之处。如图2-15和图2-16，二者在器物组合中皆存在三足瓮、鬲、甗、尊、夹砂罐、夹砂灰陶和泥质灰陶占多数。甗为敛口、深腹，腹中饰有对称的錾耳。三足瓮为敛口、鼓腹，漏斗状空足。但是峪道河遗址与其他晋中地区的同时期考古学文化遗址之间却有着明显的区分，所以学者们认为，峪道河遗存可能是朱开沟文化向南发展形成的一个位于晋中地区，但文化性质依旧属于朱开沟文化的文化群体。而朱开沟文化的南下发展，也促进了晋中地区以三足瓮为代表的新文化因素的发展。

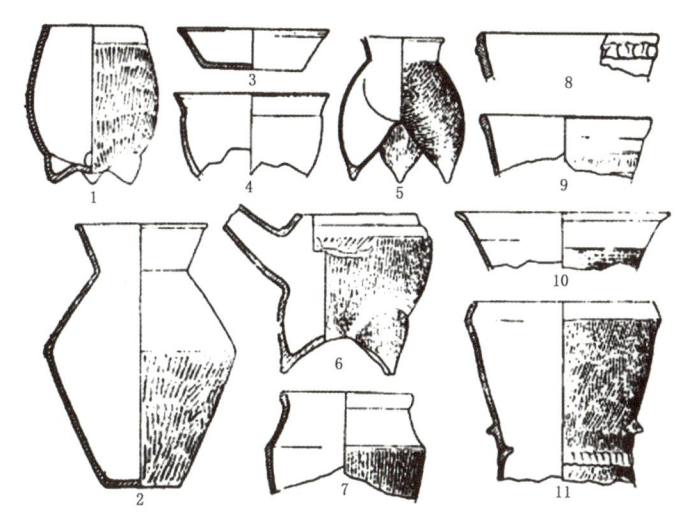

1—三足瓮（H2058:1）；2—高领罐（2013:1）；3、4—盆（H2047:5、T236⑤:1）；5、8、9—鬲（W2002:1、T206⑤:2、T209⑤:3）；6—盂（T236⑤:2）；7—夹砂罐（H2047:3）；10—大口尊（T229⑤:2）；11—敛口甗（W2002:2）。

图2-16　朱开沟第一段出土的陶器[1]

---

[1] 田广金：《内蒙古朱开沟遗址》，《考古学报》1988年第3期。

（2）与忻州游邀等遗存的关系

忻州游邀遗址[1]位于忻州市董村镇游邀村，为忻州地区文物管理处在1984年进行文物普查时发现的，遗址面积约20万平方米。1987、1989年发掘，揭露面积共计2100平方米。发现房址16座、窑址6座、灰坑266座、墓葬23座。游邀遗址年代为公元前2315—前1745年，分早、中、晚三期，文化内涵极为丰富，主要遗存属于龙山时代和夏时期。游邀遗址的大面积发掘是在晋北地区进行的第一次科学发掘。

通过研究发现，忻州游邀遗址的年代上限应该是早于朱开沟文化的上限，游邀遗址部分时段相当于朱开沟文化早期，而下限相当于朱开沟文化早中期。游邀遗址早期的文化面貌与内蒙古中南部龙山时代文化面貌有很多相似因素，例如游邀遗址早期出土的敛口瓿、盉等器物，瓿为方唇敛口，腹部饰对称双錾耳，与朱开沟早期发现的瓿形制相似（图2-17）。此类器物应该起源于内蒙古中南部，后向南传至游邀地区。此外，在游邀早期阶段发现的双錾手斝式鬲和双錾手带领鬲，应归属于两个不同的文化谱系，所以二者不可能在当地同时发展起来。这种情况如果解释为内蒙古中南部的斝式鬲是在带领鬲的影响下而产生的，那就非常合理了，而朱开沟文化同样也是接受了内蒙古中南部龙山时代的文化因素发展起来的，所以二者之间有很多相同或者相似的文化因素。

---

1 吉林大学边疆考古中心、山西省考古研究所、忻州地区文物管理所、忻州考古队：《忻州游邀考古》，科学出版社，2004年。

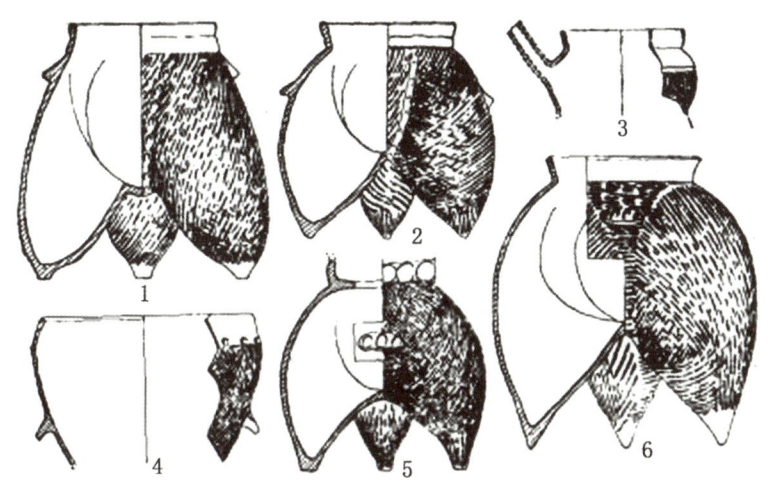

1、2、6—鬲（H248:1、H291:2、H193:1）；3—盉（H326:4）；
4、5—甗上、下部（H326:1、2）。

图 2-17 游邀遗址早期陶器

在游邀遗址晚期，即相当于朱开沟文化早中期阶段，这一时期出现了许多新的文化因素，但在游邀遗址基本没有发现朱开沟文化的花边罐、敛口甗、三足瓮等特色器物，因此可以推测这一时期的两种文化之间彼此交流已经大大减少，甚至不再联系，自此两个文化人群的差异越来越大。

（3）与白燕遗址第四、五期遗存的关系

白燕遗址[1]位于山西省太谷县白燕村，南临乌马河，主要分布于白燕村西北的河滨阶地上。遗址的东西长约830米，南北长约430米，总面积约35万平方米。山西省文物工作委员会在1956年的普查中发现该遗址，并于1980年至1981年对四个地点进行了三次大规模的发掘，发掘总面积达3000平方米，共发现房屋

---

[1] 晋中考古队：《太谷白燕遗址第一地点发掘简报》，《文物》1989年第3期。

多元一体——先秦时代的文化交流

9座，墓葬11座，陶窑3座，灰坑390座。出土陶器能复原的达800件，生产工具、生活用具和其他一些装饰品等有100余件。陶器有新石器时代的甑、钵、壶、鼎、釜灶、瓮、尊等，夏商时代的鬲、瓮、簋、鼎、敛口三足瓮等，周代的鬲、瓮，另外还有大量的石、骨、牙、蚌器和少量的青铜、金质器物。该遗址的文化堆积较厚，深度一般有1.5~4米，表明人类在这里生活了相当长的时间。白燕遗址第一地点的文化遗存被分为六期、两个阶段，前三期属于新石器时代，后三期为夏商周时代，第一地点寨圪垯是夏商时期的文化堆积压在新石器时代的仰韶文化，并向龙山文化过渡时期的堆积。也就是说，白燕遗址的文化内涵十分丰富，跨越时代较长，即从新石器时代的仰韶文化到龙山文化，再延续到夏商文化。

考古工作者认为白燕遗址的第四、五期遗存是晋中地区夏、商遗存的代表，这类遗存陶器群中的高领罐、侈沿鬲、三足瓮、侈沿深腹盆形甗、侈沿（卷沿）弧腹盆、小口绳纹罐、豆等器物，与朱开沟文化的同类器较为接近（图2-18），其中鬲和三足瓮在陶质、陶色、纹饰、用途（鬲作为主要炊器，三足瓮作为盛储器）等方面也有相似性。而内蒙古中南部和晋中地区龙山文化早期特有的双鋬手大袋足鬲（即斝式鬲）是维系双方关系的纽带，两种文化应同属于一个大的文化系统。内蒙古中南部地区应为双鋬手斝式鬲的祖源，而晋中地区为其发生、发展的重心地带。此皆表明二者之间在文化面貌和文化传统上具有较多的相似之处和共同点，应属于两个关系较为密切的文化集团。

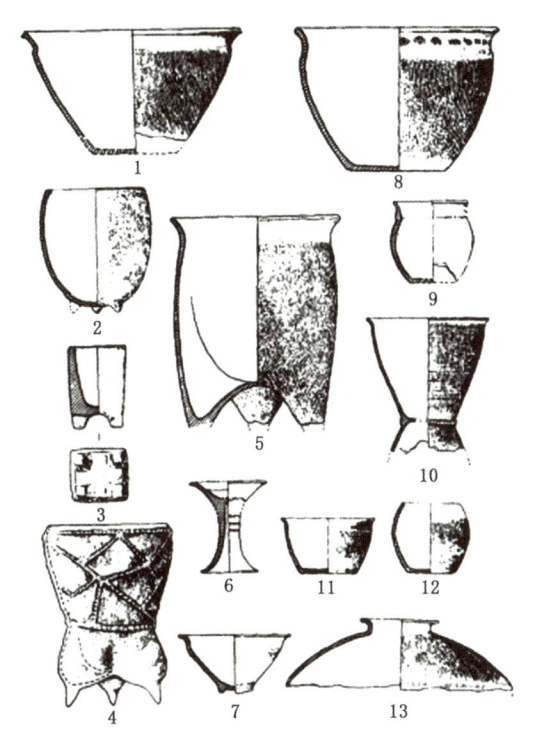

1、8—盆（H119:1、H392:39）；2—三足瓮（H98:181）；3—四足方杯（M14:1）；4—堆纹罩（F1:23）；5—鬲（T127③D:1）；6、7—豆（F1:6、H1062:55）；9—小罐（H392:15）；10—甗（H98:8）；11—小盆形钵（H392:4）；12—敛口钵（H392:8）；13—小口绳纹罐（H1062:28）[1]。

图2-18 白燕遗址第四期陶器

在白燕遗址第四期遗存中，高领鬲作为其重要器物的组成部分，能够在当地夏代早期兴起并大量流行起来，应该是受到了朱开沟文化的影响（图2-19）。与白燕遗址同时期的周边文化群体流行的鬲基本都属于矮领鬲系统，只能推动白燕遗址沿着矮领鬲的轨迹发展，其轨迹未必会向着高领鬲系统发展。而此时，朱

---

[1] 许伟、杨建华：《山西太谷白燕遗址第一地点发掘简报》，《文物》1989年。

开沟文化因素不断向南发展，其早期阶段的高领鬲影响到白燕文化鬲的发展，才使高领鬲得以流行。不过富有戏剧性的是，在夏代早期，晋中地区的高领鬲开始迅速发展，并在晋中地区很多文化中流行，而内蒙古中南部地区的高领鬲却慢慢衰落下去，花边鬲开始在内蒙古中南部占据主体位置。

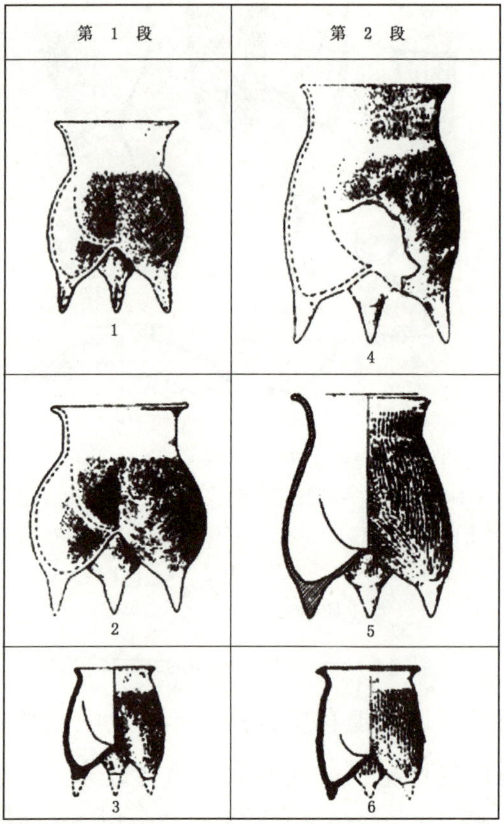

1—H185：10；2—H98：176；3—H948：1；4—T127③：2；5—H157：2；6—H157：3[1]。

图2-19　白燕遗址第四期陶鬲

1　许伟、杨建华：《山西太谷白燕遗址第一地点发掘简报》，《文物》1989年。

朱开沟遗址与白燕遗址第四、五期都出土了大量三足瓮。通过分析白燕遗址第四、五期的文化因素可发现，若仅凭白燕遗址自身文化内涵，并不具备产生三足瓮的文化因素。但是三足瓮在白燕遗址第四期就开始流行，这个时间点其实也是高领鬲在白燕遗址开始产生并发展的阶段，所以推断三足瓮也是受朱开沟文化南下的影响而产生的。当然，虽然是受到朱开沟文化的影响而产生，但两种文化的三足瓮也有一定的区别。朱开沟文化的三足瓮是以空足为主体，而白燕遗址第四、五期三足瓮则是以实心足为主体，二者应该属于同一祖源下衍生的不同分支。[1] 此外，白燕遗址第四、五期遗存中的侈沿弧腹盆、侈沿深腹盆形甗等器物，在晋中地区龙山时代遗存中也未见与其形制相似的器物，因此，它们应是受朱开沟文化的影响，属于异地并行发展的关系。

在白燕遗址第四、五期的形成阶段，尽管发现了与朱开沟文化相关的文化因素，但朱开沟文化同时期流行的花边鬲、蛇纹鬲、敛口甗、带钮罐、盉等器物，在白燕遗址第四、五期均未被发现，这说明在白燕遗址第四、五期的发展过程中，对朱开沟文化其实还是有所排斥。同样，在朱开沟文化遗存中也很少发现有关白燕遗址的文化因素。综合这些，说明朱开沟文化与白燕遗址第四、五期之间既有着密切的联系，却又缺乏过多的交往，双方都排斥彼此的文化集团。[2]

---

[1] 杨泽蒙：《朱开沟文化因素分析及与周邻地区考古学文化的关系》，《岱海考古》（二），科学出版社，2001年。

[2] 杨泽蒙：《朱开沟文化因素分析及与周邻地区考古学文化的关系》，《岱海考古》（二），科学出版社，2001年。

7. 与李家崖文化的关系

李家崖城址[1]位于陕西省清涧县李家崖村无定河与黄河交汇处之山梁，所体现的文化被称作李家崖文化或鬼方文化，是存在于商代晚期至西周初期的文化遗存，其年代上限最早可至殷墟时期，下限最晚可至西周早期。1982年至1991年，陕西省考古研究所对其进行了多次考古勘探和发掘工作。李家崖城址平面呈不规则长方形，东西长495米，南北宽122~213米，城垣修筑以堑山为主，少部分为土石相间夯筑或内夯、外砌石。墙残高3米多，基宽近9米。城内发现房址、窑穴、石板围砌的瓮棺葬等。出土有鬲、豆、三足瓮、罐等陶器，斧、刀等石器，鼎、钺、刀、戈等铜器以及骨锥、卜骨、石雕人像等。石雕人像是将人物形象刻于残高0.42米的梯形石块上，正背两面以粗线阴刻出骷髅人体形状。带短柱状实足根的袋足花边鬲、小口矮领广折肩罐、侈口深腹簋、敛口斜直三足瓮等为其典型器物（图2-20）。李家崖城址的文化内涵与中原文化有着明显的差异，应属于北方地区青铜文化。

李家崖文化的分布中心区域主要为子午岭以东的陕北地区和火焰山、吕梁山以西的晋西北地区。代表性的遗址主要有吕梁山地区的汾阳杏花村遗址、柳林高红遗址、陕西绥德薛家渠遗址、清涧李家崖遗址等。地域上，李家崖文化的主要分布区域与朱开沟文化相邻；时间上，朱开沟文化晚期与李家崖文化早期时间大致相接；器物上，李家崖文化早期的小耳折沿鬲、敛口瓮、侈口甗等包含有朱开沟文化因素。

---

[1] 张映文、吕智荣：《陕西清涧县李家崖古城址发掘简报》，《考古与文物》1988年第1期。

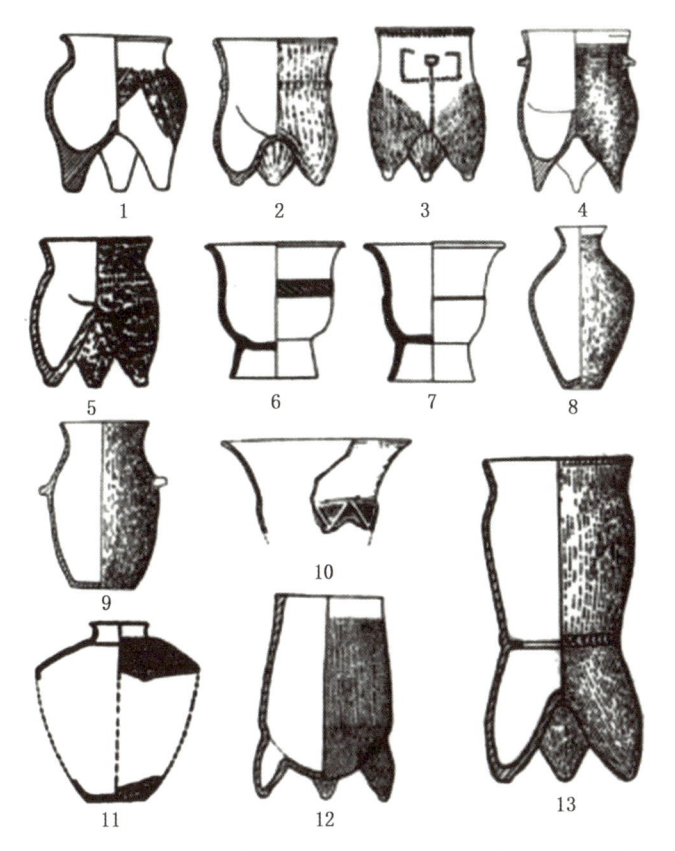

1、2、3、5—鬲；4—高领鬲（西岔遗址 H11:2）；6、7—簋（薛家渠 H1:13、H1:45）；8—高领壶（西岔遗址 H43:3）；9—双錾罐（西岔遗址 H9:3）；10—尊（高红 H1:8）；11—罐；12—三足瓮；13—甗[1]。

图 2-20 李家崖文化陶器

将吕梁山地区遗址出土的器物与朱开沟文化遗址中出土的器物比较，可发现吕梁山地区遗址出土的三足瓮的发展轨迹始终与朱开沟文化三足瓮的发展轨迹相一致，这说明朱开沟文化与晋中

---

1 蔡亚红：《李家崖文化研究》，硕士学位论文，西北大学，2008年。

吕梁山地区文化群体间的交流非常频繁。[1]李家崖文化中，肥袋足、矮实足跟、蛇纹、多饰花边的陶鬲应是直接继承了朱开沟文化因素，如在杏花村遗址[2]中发现了与朱开沟文化形制、风格相似的陶鬲；在柳林高红遗址中发现了朱开沟文化中比较有特色的花边鬲、空足三足瓮；而在陕西绥德薛家渠遗址[3]和清涧李家崖遗址也发现了蛇纹鬲、花边罐、三足瓮等，这都证明了朱开沟文化在晚期时与李家崖文化之间衔接紧密，存在着长期的相互交往。

除此之外，在清涧李家崖遗址发现的石刀、陶垫等均与朱开沟文化相似，其C区1号房址的一些特征在朱开沟文化晚期也曾出现过，如四周用黄土夯筑而成，在居住面上铺一层已经风化的砂石粉，并用火进行烧烤。朱开沟文化与李家崖文化时代前后相承接，文化面貌和文化特征上又存在很多相同或相似之处，所以考古学家认为李家崖文化可能为朱开沟文化在内蒙古中南部发展到鼎盛时期时，又开始衰落并向南转移而形成的一种青铜时代考古学文化。

8. 与陇东地区诸考古学文化的关系

这里的陇东地区指的是陇山以东地区，主要位于黄河上游黄土高原地带的甘肃天水、平凉、庆阳及宁夏南部地区等。在该地区，与朱开沟文化有所联系的考古学文化主要有以灵台桥村H4为代表的遗存，以永靖秦魏家、大河庄等遗址为代表的齐家文化，以

---

1 吕智荣：《朱开沟文化遗存与李家崖文化》，《考古与文物》1991年第6期。
2 陈冰白、卜工、许伟：《山西汾阳孝义两县考古调查和杏花村遗址的发掘》，《文物》1989年第4期。
3 徐天进：《陕西绥德薛家渠遗址的试掘》，《文物》1988年第6期。

常山下层遗存为代表的常山下层文化[1]以及海原县菜园村遗址[2]、墓地为代表的遗存。

齐家文化是以甘肃为中心的新石器时代晚期文化,并且已经进入铜石并用阶段,其名称来自其主要遗址甘肃广河县的齐家坪遗址,即分布在河西走廊地区的一支重要的早期青铜时代考古学文化。齐家文化主要分布于甘肃东部,东起陇东泾河、渭河流域,东北到宁夏南半部湟水流域和内蒙古阿拉善左旗,西到河西走廊,南抵白龙江流域上游地区,地跨甘肃、宁夏、青海、内蒙古四省区。齐家文化年代为公元前2200年—前1600年,制陶业比较发达,当时已掌握了复杂的烧窑技术。在墓葬中发现的红铜制品反映了当时生产力水平的提高,为后来青铜文化的发展奠定了基础。齐家文化的房屋多为半地穴式建筑,居室铺一层白灰面,既坚固美观,又防潮湿。

常山下层文化由仰韶文化庙底沟类型发展而来,也是齐家文化的源头之一,其年代在公元前2930±180年左右,它的相对年代晚于仰韶文化,而早于先周文化。其主要文化遗址——常山遗址位于甘肃省庆阳市镇原县城西约3公里的茹河南岸旁。代表性器物有小口罐、深腹罐、单耳罐、双耳罐、单大耳罐、双大耳罐、盆、碗、钵、盘、瓮、杯、豆、甗等,多为平底,分夹砂和泥质两种。常山下层文化在发展过程中与关中地区案板三期文化发生了一定的交流,最后向西发展为齐家文化。同时向东发展时,对客省庄二期文化的形成也产生了一定的影响。

---

1 王晓明:《常山下层文化研究》,硕士学位,吉林大学,2015年。
2 许成、李文杰、李进增、陈斌:《宁夏海原县菜园村遗址、墓地发掘简报》,《文物》1988年第9期。

多元一体——先秦时代的文化交流

菜园村遗址位于宁夏回族自治区南部偏西的海原县境内，地处我国第二阶梯上的黄土高原西部南华山北麓，海拔1800米，东距海原县城15公里。共发掘（或试掘）出马樱子梁、石沟、林子梁3处遗址；切刀把、二岭子湾、寨子梁、瓦罐嘴、林子梁西坡5处墓葬，发掘总面积为6921余平方米，清理房址15座，窖穴灰坑65个，灰沟1条，窑址1座，墓葬138座，出土各类完整或可辨文化的遗物5000余件。

朱开沟文化中，利用附加堆纹来装饰器物（如花边罐、花边鬲等）的做法，应不是内蒙古中南部本地的传统。根据目前的考古资料，可知花边罐、花边鬲等器物其实最早出现于龙山时代早期以海原县菜园村遗址为代表的遗存和常山下层文化遗存中。其后，除朱开沟文化外，在客省庄二期文化，甘肃灵台桥村H4，河南陕县西崖村二里头文化，甘肃、青海等地的齐家文化、卡约文化等遗存中，都有一定数量的相似器物出现。依据其制作和装饰风格的最早发现地和主要分布区等因素，可以分析出其是起源于陇东地区的一种具有独特风格的文化因素。因此，朱开沟文化中的花边罐、花边鬲等器物，应该是接受了海原县菜园村遗址和常山下层文化的影响。

另外在朱开沟遗址中，还发现了齐家文化晚期的典型器物——红陶双大耳罐，这说明在齐家文化晚期阶段，陇东地区已经和鄂尔多斯地区建立了某种文化联系，齐家文化东进，渗入朱开沟文化，并形成新的因素（图2-21）。朱开沟文化中，各种形制双耳罐的大量涌现，与不断受到这一文化系统的刺激也有极大的关系。而朱开沟文化高领罐整体形态修长的风格，应该也是受到齐家文化较强烈的影响。朱开沟文化中期受到来自齐家文化的影响最为强烈，应是齐家文化直接介入，并对其进行影响，从而推动了朱开沟文化的繁盛。朱开沟文化虽然受到陇东地区尤其是齐家文化因素的影响，但并未对主体文化因素的发展带来太大改变，两地的差异性仍然很大。

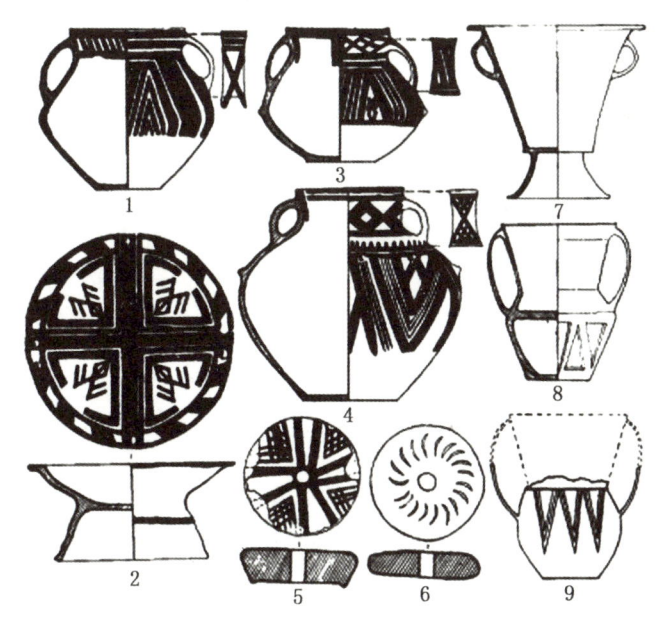

1—Ⅲ式双小耳罐（M31: 1）；2—Ⅱ式豆(M47: 10)；3—Ⅱ式双小耳罐（M30:2）；4—Ⅰ式双小耳罐(M32:5)；5—Ⅰ式纺轮（T6:3）；6—Ⅲ式纺轮（T21:28）；7—Ⅰ式尊（M37:5）；8—双大耳罐（M47:11）；9—Ⅳ式双大耳罐(F8: 6)[1]。

图2-21 武威皇娘娘台出土的陶器

9. 与张家口、京、津、唐、辽西等地区考古学文化的关系

在张家口地区，与朱开沟文化时代大体相当的考古遗存主要有蔚县三关、四十里坡、庄窠、前堡及宣化李大人庄[2]和贾家营等，

---

1. 魏怀珩：《武威皇娘娘台遗址第四次发掘》，《考古学报》1978年。
2. 陶宗冶：《河北宣化李大人庄遗址试掘报告》，《考古》1990年第5期。

多元一体——先秦时代的文化交流

这些遗存的主体成分应属于夏家店下层文化——燕南类型系统。它与朱开沟文化是我国北方地区早期青铜时代两种不同系统的考古学文化，但部分文化因素却与朱开沟文化有着直接的渊源关系，例如三足瓮、带钮罐、花边鬲以及蛇纹鬲等器物，究其根源，并不是基于本土文化因素产生的，应是因为朱开沟文化向东发展，对本地文化产生影响而出现的。

朱开沟文化在内蒙古中南部消失以后的年代里，这种带有显著特征的花边罐、花边鬲、带钮罐等文化因素在京、津、唐等地区开始兴盛，这表明朱开沟文化在内蒙古中南部地区衰落之后，朱开沟人开始向东迁徙、发展，这些器物的发现和兴起展示了朱开沟人东迁的移动轨迹。

辽西地区指辽河以西地区，包括辽宁西部和内蒙古东南部部分地区。在辽西地区夏家店下层文化的一些遗址中，例如翁牛特旗五分地、敖汉旗大甸子[1]等遗址皆发现了与朱开沟文化蛇纹鬲形制相同或相似的器物（图2-22），这表明朱开沟文化在向东发展的过程中，也到达了辽西地区，但对夏家店下层文化的影响并不是很大。

然而，朱开沟文化对辽西地区魏营子文化的影响，相对夏家店下层文化有明显的增强。魏营子文化是一个位于北方长城地带东端，分布在大小凌河流域，时代介于夏家店下层文化和夏家店上层文化之间的青铜时代考古学文化。该文化因最早发现于辽宁省朝阳县前魏营子村而得名，其年代上限为殷墟二期左右，下限大体不晚于两周之际。魏营子遗址位于辽宁朝阳县六家子乡前魏

---

[1] 刘观民：《试析夏家店下层文化陶器》，《中国考古学研究》，文物出版社，1986年。

营子村老龙湾，面积约10000平方米，地表遍布夹砂红陶和红褐陶片，多素面，未经打磨，部分饰绳纹，亦有压印三角纹、平行斜线划纹和泥饰装饰，有的鬲口饰花边、腰饰堆纹。20世纪70年代初，在该遗址东南坡发现并清理了9座西周木椁墓，出土有铜盔、铜銮铃、兽面当卢等遗物。经比较分析，部分魏营子类型遗存中出土的陶鬲口沿处用泥条附加堆纹装饰，与朱开沟文化中的花边鬲风格相同。[1] 表明朱开沟文化在这一时期对辽西地区文化群体的影响已经达到了非常深入的程度。

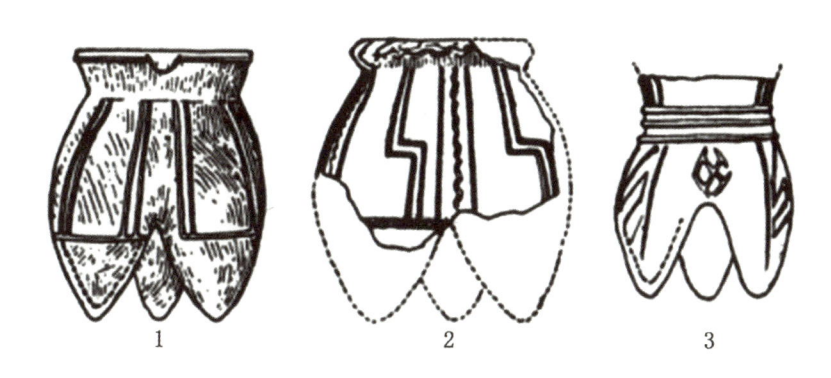

1—翁牛特旗五分地；2—喀拉沁旗上瓦房；
3—大甸子 M 6532：2^2。

图 2-22 夏家店下层文化蛇纹鬲

10. 与中原商文化的关系

中原包括今河南、山西中南部、河北南部、陕西东部及山东西部地区，是夏商时期早期国家的核心区域，二里岗文化、殷墟文

---

1 朱永刚：《夏家店上层文化的初步研究》，《考古学文化论集》（一），文物出版社，1987年。

2 乌恩岳斯图：《论朱开沟文化》，《考古学刊集》，科学出版社，2006年。

化是中原商代文化的主要代表。在朱开沟文化晚期遗存中发现了具有典型二里岗文化特征的器物（图2-23），可推断朱开沟文化晚期阶段曾受到以二里岗文化为代表的中原商代文化的影响。二里岗文化是以河南郑州二里岗遗址商代文化遗存而命名的文化类型，又称二里岗期商文化，是一种介于二里头夏文化、殷墟晚商文化之间的青铜时代早期考古文化。1950年，考古学者在位于郑州老城东南的二里岗遗址首次发现了一种新遗存，由于二里岗文化是这类文化遗存最早得以发现的典型遗址，所以在1954年提出了"二里岗文化"的命名。二里岗文化陶器以夹砂和泥质灰陶为主，流行绳纹。陶器按功用可分为炊器、盛贮器、酒器，其中酒器主要包括斜腹、薄胎的鬲、甗、斝（鬲式斝）；盛贮器主要包括大口尊、深腹盆、簋、豆、捏沿罐等；酒器主要有爵、斝及少量的盉。

1—鬲（H5030:2）；2—簋（M1052:2）；3.豆（M1052:3）。

图2-23 朱开沟文化晚期的鬲、簋、豆

除了陶器之间形制相似之外，最重要的是在朱开沟文化遗址中出土的青铜器，其形制和装饰风格都与中原地区商前期出土的青铜器相似或相同，例如中原地区商前期铜鼎腹部装饰有一周饕饕纹条带，饕餮纹条带上下都有一圈连珠纹。[1]如图2-24，铜戈（M 1040:1）与偃师商城出土的铜戈一致，铜刀或者铜镞等都与中原地区的同类器相同或相似。

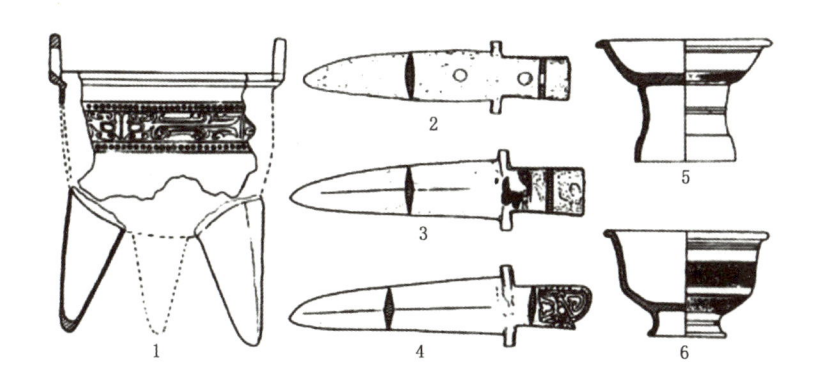

1—铜鼎（朱开沟H 5028:1）；2～4—铜戈（朱开沟M 1083:1、朱开沟M 1040:1、朱开沟M 2012:1）；5—陶豆（朱开沟M 1052:3）；6—陶簋（朱开沟M 1052:2）[2]。

图2-24 朱开沟遗址出土的中原式青铜器和陶器

但我们也看到，这些具有商文化特征的器物多是在晋南、晋中等地区具有较浓郁商文化特色的考古学文化渐进影响下，与本地区固有的文化因素融合后而产生的，而直接来自商文化本土的因素并不多。因此，朱开沟文化晚期阶段虽然受商文化的影响较强烈，但自身的文化面貌并没有太大的改变。

11. 与外贝加尔地区蛇纹鬲的关系

蛇纹鬲是朱开沟文化陶器中最具特色的一类，但在朱开沟文

---

[1] 河南省文物考古研究所：《郑州商城》（1953—1985年考古发掘报告），文物出版社，2001年。
[2] 乌恩岳斯图：《论朱开沟文化》，《考古学刊集》，科学出版社，2006年。

化早期出现的较少。因在鬲的口沿处或者腹部饰有曲线状纹，看起来像蛇，所以将其命名为蛇纹鬲，看起来不像蛇的曲线类纹饰，则多被称为棱纹鬲。

对于蛇纹鬲的起源，一直有所争论，一些学者认为在内蒙古中南部发现的蛇纹鬲数量最多，而且年代也比较早，所以应该考虑内蒙古中南部是蛇纹鬲的起源地。但还有一些学者认为，虽然西北地区出现的蛇纹鬲数量少，但其出现的年代比内蒙古中南部出土的年代要更早，在起源上也需要重新考虑。总体来说，考古学家基本认定蛇纹鬲应该是中国本土文化的一种器物。

然而，在俄罗斯外贝加尔地区，存在着一种青铜时代文化——卡拉苏克文化[1]，年代为公元前3000—前2500年。在卡拉苏克文化遗址中发现了蛇纹鬲，而且在其周围的蒙古国东部地区亦发现了蛇纹鬲。外国学者认为，出现在蒙古国东部和俄罗斯的蛇纹鬲，不管是在新石器时代还是青铜时代，当地都没有发现它的祖型，而朱开沟文化蛇纹鬲出现的时间要更早，故可以推断出内蒙古中南部地区是蛇纹鬲的起源地，大约在公元前2000年前后，蛇纹鬲迅速流传并兴盛，向东进入冀北、辽西等地，向北经大兴安岭和蒙古戈壁进入外贝加尔地区。因此，可以认为俄罗斯外贝加尔地区出现的蛇纹鬲，应该是卡拉苏克文化吸收朱开沟文化因素而生产出的一类器物。[2]

---

[1] 李琪：《史前东西民族的迁移运动——关于卡拉苏克文化的思考》，《西北民族研究》1988年第2期。

[2] 乌恩岳斯图：《论朱开沟文化》，《考古学刊集》第十六集，科学出版社，2006年。

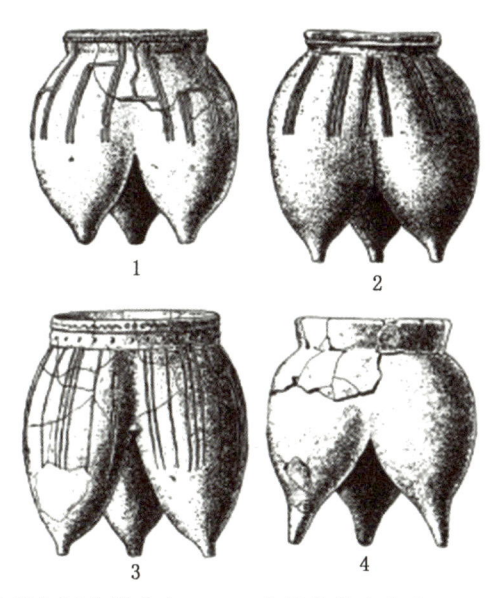

1—色楞格河右岸出土；2—小托洛盖山出土；3—准库索齐谷地出土；4—大库达尔村土[1]。

图 2-25 外贝加尔地区出土的陶鬲

综上可见，朱开沟文化在形成和发展过程中，一直同周边地区的各种文化群体发生不同程度的交流和交往。在相互交往中，朱开沟文化不仅受到周边地区不同文化群体的影响，接受了这些文化的不同因素，并将这些不同的文化因素融入自身文化主体中，形成独具风格的文化面貌，而且在发展过程中，也不断增强对周边文化群体间的影响，如邻近的甘肃、陕西、山西、河南、河北、京津地区、辽西地区及外贝加尔地区，在其周围的文化群体中也发现了具有朱开沟文化特色的因素。总体来说，文化间的相互交流、相互影响是推动文化不断向前发展的重要因素。朱开沟文化

---

[1] 乌恩岳斯图：《论朱开沟文化》，《考古学集刊》，科学出版社，2006年。

在与不同文化群体相互影响的过程中，沿着自己的发展轨道不断前行，成为构成中华民族文明起源的重要因素。

二、夏家店下层文化

（一）西辽河流域的"方国"

1."方国崛起"

中国著名考古学家苏秉琦先生提出了国家起源、形成与发展的三部曲，即"古国—方国—帝国"的理论，古国是高于部落之上的、稳定的、独立的政治实体，以崇拜神权为特征，属于神权国家。[1]在距今约4500年开始，古国开始逐步发展到方国阶段，内蒙古赤峰地区的夏家店下层文化就是最为典型的例子。

夏家店下层文化的分布范围极广，北至西拉木伦河，南临渤海，西抵滦河一带，东达辽河下游、医巫闾山一线。按照现在的行政区域划分，该文化的分布范围包括内蒙古东南部、辽宁西部以及河北北部，由此可见，夏家店下层文化在顶峰时期已经成为雄踞北方的"方国"。夏家店下层文化的每个建筑群所发掘出土的城址规模差别较大，一般是以一座大型或中型城址为中心，其周围分布着10余座小型城址。其中一座大的石城占地面积可达10万平方米。这种大规模的石城址的建造，如果没有专职集权的统一调配，是绝不可能完成的。

夏家店下层文化是在辽西地区传统文化因素的基础上，吸收周边地区考古学文化因素并融合发展起来的一支早期青铜时代文化。在历史的长河中，不同考古学文化之间一直存在着相互之间

---

1 苏秉琦：《中国文明起源新探》，辽宁出版社，2009年。

的交流与互动，这种持续的交流是夏家店下层文化繁荣、发展的动力，夏家店下层文化的先民在西辽河流域繁衍生息了近千年，创造了丰富的物质财富和精神财富，在中国早期文化发展历程中占有十分重要的地位。

2."方国史实"

夏家店下层文化的年代距今约 4000—3500 年。[1] 夏家店下层文化所处的西辽河流域在进入早期青铜时代时，文化面貌发生了翻天覆地的变化，延续数千年的平底筒形罐消失，取而代之的是以鬲为主体的三足陶器，成为主流器型。[2] 彩陶渐渐消失，彩绘陶开始大量出现，出现了青铜制品。聚落内部的贫富差距明显，出现了社会分级。不管是大型石城还是小型聚落，其布局均突出防御功能，出土的大量骨镞说明当时战争已经成为影响夏家店下层文化社会发展的重要因素之一。

1960 年，在试掘夏家店村和药王庙村遗址时，根据其地层叠压关系以及出土器物的差异，正式确定了"夏家店下层文化"和"夏家店上层文化"的命名。同时，在发掘简报中也指出了夏家店下层文化与夏家店上层文化的区别，也否定了这两种文化之间的继承性关系。[3] 夏家店下层文化的主要分布区域集中在内蒙古赤峰地区，其中以流经内蒙古赤峰市的西拉木伦河流域、老哈河流域以及赤峰市敖汉旗为主要分布范围，具有代表性的

1　杨虎：《辽西地区新石器——铜石并用时代考古学文化序列与分期》，《文物》1994 年第 5 期。

2　刘国祥：《西辽河流域新石器时代至早期青铜时代考古学文化概论》，《赤峰学院学报·红山文化研究专辑》，2008 年第 S1 期。

3　中国科学院考古研究所内蒙古工作队：《内蒙古药王庙、夏家店遗址试掘报告》，《考古》1961 年第 2 期。

遗址有宁城县南山根遗址[1]、敖汉旗大甸子遗址[2]、赤峰市红山区二道井子聚落遗址[3]、赤峰市近郊药王庙遗址[4]、三座店石城址[5]等。

（1）二道井子遗址

二道井子聚落遗址位于赤峰市红山区文钟镇二道井子村，遗址所处山坡海拔617米，地势较为平缓，该遗址位于山坡的中部地带，东西宽约140米，南北长约200米，占地面积大约2.7万平方米。遗址的西侧有一条季节性河流。[6]早在第二次全国文物普查期间，二道井子聚落遗址就已经被发现并且记录在册。2009年，内蒙古自治区文物考古研究所为配合赤朝高速的建设，对赤峰市二道井子聚落遗址进行抢救性挖掘，清理出环壕、城墙、院落道路、房屋、灰坑、窖穴、墓葬等各类遗迹，出土了各类石器、骨器、青铜器、玉器等近千余件。[7]同年，二道井子聚落遗址被中国社会科学院评为"2009年度中国考古新发现"之一，被国家文物局评为"2009年度全国

---

[1] 中国社会科学院考古研究所内蒙古工作队：《宁城南山根遗址发掘报告》，《考古学报》1975年第1期。

[2] 中国社会社会科学院考古研究所：《大甸子——夏家店下层文化遗址与墓地发掘报告》，科学出版社，1996年。

[3] 内蒙古自治区文物考古研究所：《内蒙古赤峰市二道井子遗址的发掘》，《考古》2010年第8期。

[4] 中国社会科学院考古研究所内蒙古考古工作队：《赤峰药王庙、夏家店遗址试掘报告》，《考古学报》1974年第1期。

[5] 内蒙古自治区文物考古研究所：《赤峰市松山区三座店遗址2005年发掘简报》，《内蒙古文物考古》2006年第1期。

[6] 刘国祥、栗媛秋、刘江涛：《赤峰二道井子聚落的形制布局与社会关系探讨》，《南方文物》2020年第4期。

[7] 内蒙古自治区文物考古研究所：《内蒙古赤峰市二道井子遗迹的发掘》，《考古》2010年第8期。

十大考古新发现"之一。2013年，被评为第七批全国重点文物保护单位。2015年，二道井子遗址博物馆启动建设，并于2018年12月27日正式开馆，建成了全国首家以气膜为建设材料的遗址类博物馆（图2-26）。

图2-26 二道井子遗址博物馆

考古发掘结果显示，整个二道井子遗址由环壕、城墙、城墙内部村落三个部分组成，环壕和城墙是围绕城址四周的防御设施。环壕平面大体呈椭圆形，城墙外侧坡度陡峭，与环壕内壁相连，形成统一的斜面，城墙顶部至环壕底部落差达到12米。遗址内多为先民房屋，遗址中的每个院子都有主房、配房、窖穴，院与院之间有公用的界墙和小巷。除了少数房址具有祭祀功能以外，其余的房址均为先民所住。房址的平面形状以圆形为主，高度在0.5~2.0米之间，部分墙体上还设有瞭望孔。[1]在二道井子遗址发现的窖穴共有153座，以圆形袋状居多，多为地穴式，少量为半

---

1 边翼：《二道井子夏家店下层文化聚落遗址》，《实践》（思想理论版）2010年第2期。

地穴式。为了加固防潮，窖穴内部的坑壁抹有草拌泥或垒砌一周土坯，部分窖穴内发现了大量碳化的黍颗粒以及呈穗状的碳化粮食作物。[1]考古学界认为，二道井子遗址是21世纪以来东北亚地区最重要的考古发现，是国内迄今为止发现规模最大、保存最完整的青铜时代遗址。

（2）药王庙遗址

药王庙遗址位于内蒙古赤峰市南17公里的药王庙山上，山岗的西、北、南三面为洞沟环绕，西面是小南沟，山下有季节性河流汇入英金河。药王庙山高出河面约30米，山顶比较平坦，东西长约150米，南北宽近100米。在该遗址中，发现了大量的石器、陶片等器物。

在药王庙遗址的发掘中，揭露出房址2座，其中一座为圆形窖穴式，房址深1米，直径约为2米。通过对房址居住面的解剖，发现居住面经过多次黄土铺垫，并多次夯过。在房址居住面东北角发现一大片红烧土，靠近红烧土的内壁，有非常明显的被火烘烤的痕迹。在房址居住面的中部还发现了2个柱洞，呈圆形，相距约0.3米，大小相同，直径0.3米，深约0.25米。柱洞底部和内壁的填土比较坚硬，其中还掺杂着石块，[2]推测是为了防止柱洞内的木构件支撑物朽烂。

根据其出土的器物特征来看，该遗址是最早将夏家店下层文化与夏家店上层文化进行区分的重要地点，是一处较为典型的夏家店下层文化遗址。

---

1 内蒙古自治区文物考古研究所：《内蒙古赤峰市二道井子遗址的发掘》，《考古》2010年第8期。

2 中国社会科学院考古研究所内蒙古工作队：《赤峰药王庙、夏家店遗址试掘报告》，《考古学报》1974年第1期。

（3）三座店石城遗址

三座店石城遗址位于内蒙古赤峰市松山区初头朗镇的一座山岗上，俗称洞子山。遗址分布在洞子山山顶及南坡，海拔730米，西侧是临河断崖，北侧与阴河左岸的山岗相连接，南侧和东侧为沟谷冲积的平川地。[1]

2005年6月—2006年11月，为配合赤峰市三座店水利枢纽工程建设，内蒙古自治区文物考古研究所对该遗址进行了为期两年的考古发掘。2013年5月，三座店石城遗址被国务院核定公布为第七批全国重点文物保护单位。

三座店石城遗址由大、小两座并列石城组成，大城在西，小城在东，两者共处于同一坡面，比邻而居。大城内部屋舍俨然，城内有南、北向主干道，布局清晰。大城内除少数院落比较独立外，多数院落之间建有一条共用的院墙，正是这样的院墙，凸显出遗址内诸多院落由高到低、呈阶梯状分布的特点。院落南部建有石砌的"门关"，中部向内凹陷。经过清理发现，"门关"两侧各安放一块凿有圆窝的石头，窝内旋转摩擦痕迹清晰可辨，经判断应为门轴。据此推测，当时可能安装有能够双扇开启的大门。门道地面铺砌石板，踏痕清晰可辨。[2]

三座店石城遗址基本未被后世扰动破毁，也不存在复杂的不同文化之间的叠压打破关系，因而最大限度地保留着它的初始状态。三座店石城遗址的发掘，对于辽西地区青铜时代的聚落考古研究而言，增添了一批具有丰富内涵的珍贵资料。（图2-27）

---

[1] 国家文物局主编《中国文物地图册·内蒙古自治区分册》（下），西安地图出版社，2003年。

[2] 李树国、黄莉:《赤峰市松山区初头朗镇三座店村东梁东区石城调查报告》，《内蒙古文物考古》2007年第1期。

多元一体——先秦时代的文化交流

图2-27 内蒙古赤峰市松山区三座店石城遗址鸟瞰图[1]

3."方国器物"

（1）石器

相比红山文化时期，夏家店下层文化的农业经济有了进一步的发展，遗址多分布在河旁或临近水源的台地上，房址排布密集。经考古发掘，发现居住址内存在白灰面，说明生活在当地的先民是长期定居的，并且从事农业生产活动。

在已经发掘的北票丰下[2]、建平水泉[3]、赤峰东山咀[4]等遗址

---

[1] 郭丽：《内蒙古东部区的两种青铜巡礼》，《草原文物》2018年第2期。

[2] 辽宁省文博干部培训班：《辽宁北票丰下遗址1972年春发掘简报》，《考古》1976年第3期。

[3] 辽宁省博物馆、朝阳市博物馆：《建平水泉遗址发掘简报》，《辽海文物学刊》1986年第3期。

[4] 李恭笃：《内蒙古赤峰县四分地东山咀遗址试掘简报》，《考古》1983年第5期。

中，出土了大量的农业生产工具，其中以磨制扁平穿孔石斧、有肩石铲、长方形和半月形石刀、三棱形石刀、亚腰形打制石斧为特色，以有肩石铲最为典型，整体轻薄，刀刃向一侧倾斜，便于插入土内，上部从两侧打出肩把，便于捆绑木柄，其形状已经具有金属器的雏形（图2-28）。[1]大量使用这种主要用于松土的石质生产工具，充分说明当时人类对于农田加工的重视程度，标志着当时农业生产已经发展到了相当高的水平。生产工具形制的多样化以及定型化说明农业生产的高度发展，石质农具的使用已经有了比较专业的分工。

图2-28　辽宁凌海大台山遗址出土的石铲[2]

---

[1] 李宇峰：《西辽河流域原始农业考古概述》，《农业考古》1986年第1期。
[2] 徐政：《辽宁凌海大台山遗址夏家店下层文化遗存发掘简报》，《文物》2007年第7期。

多元一体——先秦时代的文化交流

在夏家店下层文化的器物群中，还有一种特殊的石器——石磬。在赤峰市喀喇沁旗发现 8 件石磬，这些石磬的形制与中原地区出土的同类器物形制完全相同，其中最大的一件石磬宽约 58 厘米，高约 35 厘米，厚度只有 3.3 厘米，整体重达 12.5 公斤。[1] 最小的石磬则为韩家窑石磬，长 28.7 厘米，高 18.5 厘米，最厚处可达 2.1 厘米，重 2 公斤。[2] 此石磬声音较为短促，不像是一个合格的乐器，但是其底部为弧刃，与石钺极其相似。钺象征权力，属于礼器，可见石磬在夏家店下层文化时期不仅仅是单纯的乐器，已经具备了礼器的性质。

（2）骨器

在赤峰夏家店、药王庙、宁城南山根遗址中发现很多骨器，其中大部分是锥和镞，镞都是圆锥形或棱锥形。除骨镞和骨锥以外，还出土大量骨针、骨刀、骨梳、骨环、骨珠、骨管等日用品和装饰品。赤峰市敖汉旗乃林皋遗址中出土的一件骨针，一端磨尖，一端钻孔，长度约 8 厘米，器身最大截面为圆角长方形，截面长 0.1 厘米。[3] 磨制的精细程度反映了夏家店下层文化时期制骨技术已经达到了较高的水平。

夏家店下层文化骨器中，还有一种特殊的器物——卜骨。卜骨由动物肩胛骨制成，一般是取骨密质厚的牛或鹿的肩胛骨，或用动物长骨做成长条形骨片，先钻后灼。在同类型遗址中，卜骨

---

[1] 郑瑞丰、张义成：《喀喇沁旗发现夏家店下层文化石磬》，《文物》1983 年第 8 期。

[2] 李凤举：《喀喇沁旗出土的夏家店下层文化石磬》，《内蒙古文物考古》2007 年第 1 期。

[3] 内蒙古自治区文物考古研究所、黑龙江大学考古系：《内蒙古敖汉旗乃林皋遗址 2015 年发掘简报》，《文物》2018 年第 6 期。

常被发现，但数量通常较少，说明卜骨并非日常生活用品，且其使用权可能掌握在少数人手中，表明了当时宗教信仰已经形成，已开始存在明显的职业分工。

（3）陶器

夏家店下层文化陶器种类丰富，有鬲、罐、盆、壶、盂、钵、豆、簋等，其中以鬲、罐的数量居多。夏家店下层文化的陶器制作工艺和技术在继承红山文化、小河沿文化传统制作技法的同时，还受到了龙山文化的影响，形成了自己的风格特色。夏家店下层文化陶器的主要制法为手制，多采用泥条盘筑的方法，只有在少数器皿的口部、底部可见到轮制痕迹，还发现有可充陶器内模的模具。

夏家店下层文化的陶器以夹砂褐陶、夹砂灰陶和泥质灰陶为主。陶器纹饰以绳纹为主，还有篮纹、划纹以及各种工具压印的纹饰，以细泥条做成链条形或小泥饼做成铆钉形的附加堆纹。彩绘陶是夏家店下层文化富有特色的装饰方法，在夏家店下层文化晚期尤为发达，彩绘陶的图案特色鲜明，使用红、白两色矿物颜料描绘成卷曲的线条，再构成连续的单元，类似青铜器的云纹。（图2-29）

多元一体——先秦时代的文化交流

图 2-29　彩绘陶[1]

（4）青铜器

在西辽河流域夏家店下层文化遗址和墓葬中，有数量不等的青铜器物出土。赤峰市松山区四分地东山咀遗址曾出土过1件带有喇叭形浇口的椭圆形陶范；宁城县小榆树林子遗址发现1件小铜刀；赤峰市夏家店遗址发现4颗小铜屑；敖汉旗大甸子墓地出土有耳环、杖首。[2]其中杖首是由合范法铸造，套在权杖头上，是威严的象征。

1　贺奇业勒图、乌恩、图雅：《远古时代内蒙古地区文化遗产》，《内蒙古画报》2011年第1期。
2　中国社会科学院考古研究所辽宁工作队：《敖汉旗大甸子遗址1974年试掘简报》，《考古》1975年第2期。

在大凌河上游的凌源县、喀左县曾发现过几批商末周初的青铜器，多系窖藏，附近大都有夏家店下层文化的堆积。[1]向南至北京房山琉璃河，有一座贵族墓地，在其附近的小墓里发现有周初的铜器，此外还有随葬陶器，其中就带有夏家店下层文化特点的陶鬲。

4."方国影响"

西辽河流域是夏家店下层文化的发祥地，夏家店下层文化从北向南发展，越过燕山，到达华北大平原北端的京津一带，在这里与商文化有了更多接触，并相互融合，使文化面貌显得复杂。[2]不同文化在相互融合的过程中，总是先进者获胜，这是人类历史发展的总趋势。我国北方从原始社会向阶级社会过渡，延续的时间相当长，夏家店下层文化在燕山南北地区的发展，从始至终贯穿着这一内容。尽管各地经济文化发展不均衡，但总的趋势是一致的，不同文化之间的交流是文明发展的动力，而交通在文明起源和社会发展中起着极其重要的作用。[3]

（二）夏家店下层文化与本地区早期文化的关系

1. 与红山文化的关系

红山文化发源于内蒙古中南部至东北西部一带，起始于五六千年前，是华夏文明最早的文化痕迹之一。红山文化全面反映了中国北方地区新石器时代文化的特征和内涵，以老哈河流域为中心，分布的诸多遗址正是红山文化和夏家店下层文化分布最

---

[1] 魏凡：《就出土青铜器探索辽宁商文化问题》，《辽宁大学学报》（哲学社会科学版）1983年第5期。

[2] 李恭笃、高美旋：《夏家店下层文化若干问题研究》，《辽宁大学学报》（哲学社会科学版）1984年第10期。

[3] 崔向东：《辽西古廊道与古代文明交流》，《广西师范大学学报》（哲学社会科学版）2014年第5期。

密集的地区。

1983—1986年，考古工作者在距离东山嘴大型石砌祭坛几十公里的建平、凌源两县交界处的牛河梁村发现了一座女神庙和多处积石冢，此后数年间，在这里进行了多次发掘，红山文化这种特有的大型独立的宗教礼仪性建筑一直延续到夏家店下层文化。20世纪90年代初，考古工作者在辽宁凌源萧杖子村的南山坡前发现了一处夏家店下层文化时期的祭祀遗址。该遗址北高南低，东西最宽处达130米，南北最宽处近100米，有东西向石墙8道，南北向石墙4道，整个石砌建筑形成一个类似回首腾飞的鹏鸟。在距离石砌祭祀遗址西北400米的一个山头上建有一个敞口向西、呈M形的石砌建筑，距遗址东北120米处还有一个不规则的圆形祭坛。据遗址所处的地理环境和遗址本身特征可分析出，上述石砌建筑与当时人们祭祀或原始崇拜有关，是一处夏家店下层文化的祭祀遗址。[1]这处石砌祭祀群遗址东北向距牛河梁女神庙遗址22公里，东南向距东山嘴大型石砌祭坛44公里。夏家店下层文化石砌建筑和圆形祭坛的发现，证明了自红山文化时期以来，燕辽地区的土著居民一直保持着大致相同的宗教祭祀传统，从而构成了燕辽地区独有的文明演进模式。

2. 与小河沿文化的关系

夏家店下层文化陶器主要继承了与之分布范围相同的红山—小河沿文化系统的陶器，其中尊、尊形鬲与小河沿文化同类器物相似，并可从盆、罐上看出它的演变端倪，在形态上具有一脉相承的关系，体现了两个器物群在同一区域内因时间上的前后相继而产生的密切关系。夏家店下层文化早期的尊，其形态多敞口、

---

[1] 《凌源发现夏家店下层文化祭祀遗址》，《中国文物报》1992年2月23日。

圆唇，腹部呈现较直的状态；这与小河沿文化的同类器相似，如在夏家店下层文化的丰下遗址、药王庙遗址均发现有与小河沿文化石棚山遗址相似的器物。[1] 夏家店下层文化康家屯遗址的折腹盆与小河沿文化大南沟墓地的折腹盆形制相似，大山前遗址的钵与大南沟墓地的钵相似。小河沿文化盆和钵的腹部向内弯曲，有逐渐向夏家店下层文化折腹盆的形态发展的趋势。（图2-30）

小河沿文化	1	3	5	7
夏家店下层文化	2	4	6	8

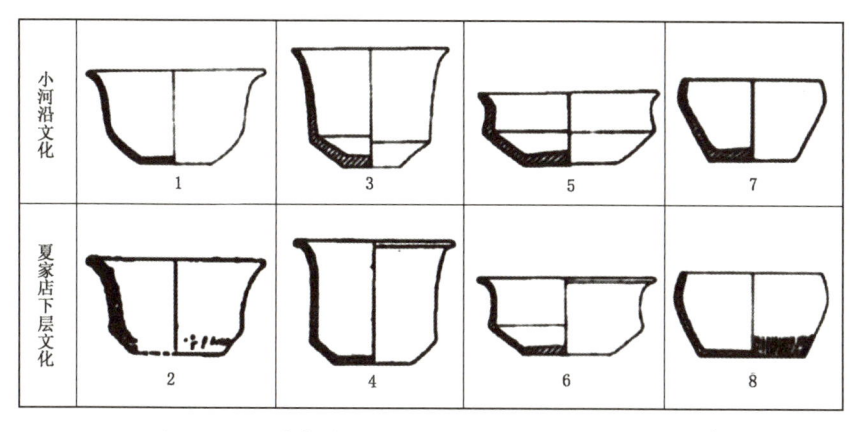

图2-30 夏家店下层文化与小河沿文化的陶器[2]

在陶器纹饰方面，小河沿文化泥质磨光黑陶的纹饰被夏家店下层文化所延续，雷纹、方格纹、绳纹、附加堆纹等也被夏家店下层文化所继承。夏家店下层文化早期的陶器绳纹较细，与小河沿文化的细绳纹更为接近。两种文化的附加堆纹上皆有压印窝，二者的同类器之间具有一定的联系。在小河沿文化大南沟墓地的尾段，黑灰陶基本上成为陶器的主体，盂形器的出现、雷纹和方

---

[1] 辽宁省文物干部培训班：《辽宁北票县丰下遗址1972年春发掘简报》，《考古》1976年第3期。

[2] 申颖：《小河沿文化的演进及其他考古学文化的关系研究》，硕士学位论文，辽宁师范大学，2021年。

格网纹的形成以及朱绘和彩绘陶器的增多，这些新的文化因素，在时间和文化内涵上已经将小河沿文化和夏家店下层文化衔接了起来，其间并无大的空白。同处西辽河地区，在时间上早于它且能与之相衔接的小河沿文化，是夏家店下层文化早期来源的主体，而外来的文化因素，如后岗二期文化和老虎山文化因素，在该文化的早期来源中则居次要地位。

夏家店下层文化源于红山文化，接近小河沿文化，辽西地区三个原始文化的发展序列为：红山文化—小河沿文化—夏家店下层文化。从红山文化晚期开始，西辽河流域的渔猎经济比重开始有所下降，农业地位提高，到夏家店下层文化时期，农业成为主要生业。经济形态的转型对聚落也产生了巨大的影响，促使聚落形态和生产工具都发生了变化。夏家店下层文化先民在继承和发展红山文化石耜以及石铲工具的基础上，开发出了新型生产工具——有肩石铲。同时在人口增长的压力下，随着生产技术的进步，农业耕作范围也由黄土台塬、缓坡和岗坡的中部向河谷低地和海拔更高的山地扩展。随着耕地范围的扩展和农区位置的变化，聚落也随之迁移。在小河沿文化与夏家店下层文化期间，聚落有向黄土地貌集中和向山顶与河谷低地扩展的趋势。[1]

（三）夏家店下层文化与北方地区的文化交流

1. 与高台山文化的关系

高台山文化是与夏家店下层文化年代序列基本一致的青铜时代文化遗存，其代表性器物是夹砂红陶直腹鋬耳鬲、鼓腹竖桥耳鬲和素面无腰隔甗、壶等。在夏家店下层文化分布范围内，发现

---

[1] 干志耿、李殿福、陈连开：《商先起源于幽燕说》，《历史研究》1985年第5期。

有接近高台山文化风格的器物，如丰下遗址中出土的甗，四分地遗址出土的长颈壶，大甸子遗址出土的直腹竖桥耳或錾耳鬲等。有学者认为，大甸子墓地乙群陶器的存在说明夏家店下层文化中有来自高台山文化的人口。[1]

在内蒙古通辽市库伦旗三家子村西北一座山丘的北坡上，西距养畜牧河约700米，发掘出一处属于高台山文化晚期的遗存，年代约为晚商时期。该遗址出土的均为陶片，没有可复原的陶器。[2]在出土的陶片中，发现有泥饼堆纹，泥饼堆纹也见于大山前、南山根、药王庙、大甸子等夏家店下层文化遗址中，且多饰于瓮的领部（图2-31）。[3]由此可见，泥饼堆纹在夏家店下层文化中不仅分布广泛，而且施纹部位比较固定，所以此类纹饰是夏家店下层文化的典型纹饰之一。在三家子遗址中，发现了带有泥饼堆纹的陶片，无论是泥饼的大小、形制、排列方式，还是制作方法及其与器表的贴附方式，均与夏家店下层文化泥饼堆纹基本相同，可能受到了夏家店下层文化施纹方式的影响。

---

1 刘晋祥：《大甸子墓地乙群陶器分析》，《中国考古学研究》，文物出版社，1986年。
2 霍东峰、夏艳平、朱永刚：《内蒙古库伦旗三家子遗址发掘报告》，《边疆考古研究》2016年第1期。
3 中国社会科学院考古研究所：《内蒙古喀喇沁旗大山前遗址1996年发掘简报》，《考古》1998年第9期。中国社会科学院考古研究所内蒙古工作队：《宁城南山根遗址发掘报告》，《考古学报》1975年第1期。中国社会科学院考古研究所内蒙古工作队：《赤峰药王庙、夏家店遗址试掘报告》，《考古学报》1974年第1期。中国社会科学院考古研究所辽宁工作队：《敖汉旗大甸子遗址1974年试掘简报》，《考古》1975年第2期。

多元一体——先秦时代的文化交流

图 2-31 内蒙古库伦旗三家子遗址出土带有泥饼堆纹的陶片[1]

高台山文化与夏家店下层文化分布的地区相邻，它们之间存在着非常密切的交流关系。在较早阶段，高台山文化接受了夏家店下层文化中袋足三足器的做法；较晚阶段时，夏家店下层文化遗存中出现了红陶，这可能与高台山文化向西的扩张过程有关。

2. 与朱开沟文化的关系

朱开沟文化主要分布于内蒙古中南部地区，根据朱开沟文化的所属年代可知，该文化与夏家店下层文化有重叠的年代区间，且在重叠的时间范围内有青铜器的存在，因而可以将这两种文化的青铜器比较分析。

朱开沟文化青铜器目前出土共53件，其中52件来自朱开沟遗址，且铜器的器型较为丰富。[2] 小件铜器有铜针、铜锥、铜凿、铜耳环、铜臂钏、铜指环等装饰品；大件铜器有铜短剑、铜戈、铜刀、铜护牌、铜项饰等大型生产工具、兵器等。朱开沟遗址中的青铜器类型较为丰富，铜项饰、铜短剑、铜臂钏等在夏家店下层文化遗址中没有出现过。在装饰品类、工具类等青铜器中，存

---

1 陈醉、霍东峰、朱永刚：《内蒙古库伦旗三家子遗址陶器工艺研究》，《草原文物》2016年第2期。
2 内蒙古自治区文物考古研究所：《内蒙古朱开沟遗址》，《考古学报》1988年第3期。

在与夏家店下层文化中同类的青铜器，如铜耳环、铜指环、铜刀、铜镞等，但在形式上区别较大。在制作工艺方面，朱开沟文化的工匠们已经可以熟练掌握金属元素的比例分配，各项金属元素指标趋于稳定。在制作方法上，朱开沟遗址出土的铜器制作以锻造为主，在第三、四段遗存中存在红铜与锡青铜并存的情况，表明此时已处于青铜时代早期。第五段遗存中出现铸范法制成的器物，兼有热加工、铸后热冷加工等方法，材质为锡青铜、铅锡青铜、砷锡青铜，说明当时已步入较为发达的青铜时代。

由此可见，将朱开沟文化的青铜器与夏家店下层文化的青铜器相对比，二者联系较少，但在器型、纹饰以及冶铸技术等方面存在着相互影响。

3.与老虎山文化的关系

老虎山文化是20世纪80年代发现并确认的一支考古学文化，主要指以凉城县老虎山遗址为代表的一类遗存。至今相关遗址已在多个地方被发现，均集中在今内蒙古乌兰察布市凉城县岱海北岸的山坡之上，主要包括西白玉、面坡、板城、园子沟、大庙坡等遗址。[1] 遗址包括石墙、祭坛遗址、成排的房屋、专业集体作坊以及卧室和炊室。主要是窑洞式建筑，造型划一，工艺讲究。据考证，其年代距今约5000—4000年。著名考古学家苏秉琦认为，老虎山文化遗址中，石头垒砌的城堡、祭祀台、烧制的白灰敷壁、规范的火塘，种种迹象表明，当时的凉城已迈入"古国文明"阶段（龙山早期），与其他文化地区相比，处于领先水平。

在距今4000年前，掌握了石砌围墙技术的红山文化居民的

---

1 田广金：《凉城县老虎山遗址1982—1983年发掘简报》，《内蒙古文物考古》1986年第4期。

后裔开始西进，与仰韶文化的人群融合，在中国北方创造出了第三次文明的高潮——老虎山文化，其标志是石城聚落群和三空袋足器的出现。在岱海地区距今4300年的降温事件发生后，老虎山文化开始东进和南下，向东，石城建筑技术和鬲文化因素渗透到夏家店下层文化中，向南，构成了朱开沟文化的主体；另一支沿汾河谷地南下，与当地土著文化融合，成为进入文明阶段的陶寺文化的重要组成部分。[1]

夏家店下层文化的先民在选择地形建造石城时，吸取了老虎山文化石城的建造经验。例如三座店石城和上机房营子石城等，通常都会选择建在背山面水的台地上，在军事上形成了易守难攻的优势，在非作战期间还有利于取水。在石城的筑造方面，使用的技术大抵与老虎山文化相同，在原生土上挖一基槽到基岩，用细石块或泥土错缝填充，其技术复杂程度相对较低，夯筑技术不明显，筑城水平具有原始性的特点。在房屋布局方面，夏家店下层文化石城内房屋的布局同老虎山文化类似，均依据等高线成排分布。

4. 与齐家文化的关系

齐家文化是黄河上游地区新石器时代晚期至青铜时代早期的文化，因首先发现于甘肃省广河县齐家坪而命名。主要分布于甘、青境内的黄河沿岸及其支流渭河、洮河、大夏河、湟水流域，宁夏南部与内蒙古西部也有零星发现。据放射性碳素年代测定，年代约公元前2200—前1900年左右，大抵进入夏代的前期。

齐家文化与夏家店下层文化的联系虽然直接性较弱，但从一些现象中也可以看出这两个文化在发展过程中也曾有过一定程度

---

[1] 田广金、郭素新：《北方文化与匈奴文明》，江苏教育出版社，2005年。

的互动。在夏家店下层文化遗址中发现很多石围圈房址,在内蒙古半支箭河中游的架子山第七地点发现48个可以辨认的石围圈遗迹。而在齐家文化遗址中,也经常可见此类石围圈,也是该文化人群的一种居住方式。[1]齐家文化发现的玉器种类主要有玉琮、璧、璜合璧(由2~6片璜组成)、玉芯形器(璧、琮芯),工具类有斧、圭、锛、凿、璋、铲、刀等。齐家文化的斧(圭)器呈长方形,顶端与刃部一般差异不大,边缘通常琢磨得较细致,刃部细薄,呈平底或微弧。穿有一孔,两孔者较少,大多为单面钻,偶见双面钻孔,整体工艺较工整细腻(图2-32)。大甸子遗址M726、M648出土的两件玉斧,其造型、工艺与齐家文化所出玉斧(圭)形制一致,属齐家文化的标准器。[2]

图2-32 齐家文化遗址出土的玉圭[3]

夏家店下层文化时期是西辽河流域聚落发展的一个新阶段,这一时期出现的最具代表性的聚落建筑就是石城。夏家店下层文化在与老虎山文化交流的过程中,老虎山文化的石城建造技术流

---

1 张博:《齐家文化经济形态及相关问题研究——以石质文物工具分析为切入点》,硕士学位论文,吉林大学,2014年。
2 马晓兰:《浅谈齐家文化中青铜器与玉器的地位》,《丝绸之路》2020年第4期。
3 郭金钰:《齐家文化玉石器研究》,硕士学位论文,陕西师范大学,2012年。

入夏家店下层文化，这使得夏家店下层文化的石城建造技术更加高超。石城建造技术的发展，也进一步说明了夏家店下层文化的社会形势发生了巨大的变化。文化的交流也是建立在"各有所需"的基础上，有需求就会有供应，战争的频繁，也为文化的交流提供了契机。

（四）夏家店下层文化与中原地区的文化交流

1. 与龙山文化的关系

龙山文化因首次发现于山东省济南市历城县龙山镇而得名，距今约4000年。在龙山文化分布范围内，发现很多蛋壳黑陶，其特征薄、硬、光，且均为黑色，又名"黑陶文化"。

当历史发展到夏家店下层文化时期，西辽河一带红山诸文化以来，传统的平底筒形罐趋于消失，甗、鬲等三袋足器物取代了昔日平底筒形罐的地位，且被广泛作为炊器。在夏家店下层文化早期的赤峰蜘蛛山遗址发现的陶器中，有鬲、甗、鼎等炊器，罐、豆、盆、尊、盘、瓮等容器。其中以甗、鬲的比重最大，分别占所出陶器总数的28.6%和18%，其次是盆和罐，分别占总数的16%和11%。[1] 在器物类型发生重大变化的同时，器表上的施纹方式也由传统的之字纹变为以绳纹为主。这种取代传统之字纹地位而成为夏家店下层文化陶器主体纹饰的绳纹装饰风格，就是中原龙山文化因素传入的物化表现。

在龙山时代传入夏家店下层文化遗存中的中原文化因素，不光体现在当时制陶工艺的改进和饮食方式的变化上，在居住方式等其他方面也都留有清晰的印记。从兴隆洼文化到红山文化，西

---

[1] 中国社会科学院考古研究所内蒙古工作队：《赤峰蜘蛛山遗址的发掘》，《考古学报》1979年第2期。

辽河地区的房屋建造模式，一直流行半地穴式方形房屋，到了小河沿文化时期，开始流行中原一带传统的半地穴式圆形房屋。至夏家店下层文化时期，除了房屋的圆形结构以外，龙山文化流行的地面建筑、土坯砌墙和白灰抹面等建筑技术普遍为夏家店下层文化先民所接受，并且逐渐成为流行趋势。此外，从小河沿文化时期开始，西辽河地区的农业生产工具中便不再流行本地区传统的大型正尖刃犁形石耜，到了夏家店下层文化时期，长方形或梯形的扁平石耜和有肩石耜，以及形体较小的石铲成为最基本的农具形式，其中长方形或梯形的扁平石耜是兴隆洼文化以来传统石耜的改进形式，而有肩石耜和石铲则是受到中原一带龙山文化因素的影响。

  在玉器的使用上也发现了来自龙山文化的因素，赤峰市敖汉旗大甸子墓地出土一件玉璇玑，有学者认为，这是同时期黄河下游系统的玉器不断向北拓展的明显证明。"玉璇玑"为牙璧的俗称，最早出现于大汶口文化，流行于龙山文化时期，之后向西、东北扩展，是大汶口文化和龙山文化中极为特殊的一种器型，玉璇玑是龙山文化作为宗教、礼仪使用的一种器物。玉璇玑在大汶口、山东龙山文化时期作为信仰、祭祀的礼器，不可能作为其他文化礼器而出现，即所谓"神不歆非类，民不祀非族"。赤峰市敖汉旗大甸子遗址出土的玉璇玑，从造型、工艺和规格上来看，与龙山文化的玉璇玑相差无几，应是两者文化交流的产物（图 2-33）。

多元一体——先秦时代的文化交流

左：龙山文化遗址出土的玉璇玑[1]；右：夏家店下层文化大甸子遗址出土的玉璇玑。

图 2-33　玉璇玑

2. 与二里头文化的关系

二里头文化是指在河南偃师二里头等地发现的一种介于龙山文化和早商文化之间的考古学文化。从目前的材料看，二里头文化分布的中心地区在河南西部，这一带迄今已发现了几十处遗址，如经过发掘的遗址有郑州洛达庙、偃师二里头、陕县七里铺等，此外，在豫东、陕东、晋南地区以及湖北境内也有发现二里头文化遗址。

据夏商周断代工程取得的最新三代年代学成果，夏朝的纪年范围是公元前 2070—前 1600 年。在这一时段内存在于我国南北各地重要的考古学文化遗存有三支，即中原文化区以巩洛地区为中心的二里头文化，海岱文化区以山东中部一带为中心的岳石文化，燕辽文化区以西辽河以南、燕山以北为中心的夏家店下层文化。三者相互影响，彼此依存，呈现出鼎足而立的分布态势。这一时期，传入夏家店下层文化中的中原文化因素主要是二里头文

1　张金平：《出土玉璇玑的易学解释》，《兰台世界》2015 年第 19 期。

化因素，其中最明显的证据还是表现在陶器上。

敖汉旗大甸子遗址和墓葬所代表的夏家店下层文化年代相当于夏朝晚期，发掘时曾在13座墓葬出土有24件带有明显二里头文化风格的陶质容器，其中包括12件鬶、11件爵、1件盉。这批制作精细的器物尽管都可以作为实用器皿，但在墓葬中却是作为礼器随葬的。尽管大甸子墓地出土的这批礼器都属于当地制造，但并不属于本地以鬲、罐为基本组合的常规礼器，"只宜视作源于中原地区二里头文化的形态因素"。[1]

此外，在红山文化时期，西辽河地区用于加工谷物的工具一直采用的是形体较大的石磨盘和石磨棒，到了夏家店下层文化时期，石磨盘和磨棒趋于消失，二里头文化遗存中常见的石臼和石杵开始流行，这种现象也进一步说明了二里头文化与夏家店下层文化之间存在交流和互动。

在二里头文化青铜器的种类中，主要以工具为主，并有相当部分的装饰品和容器。青铜饰品制作精细，部分表面配有纹饰或镶嵌绿松石等进行点缀。容器类的青铜器器型较少，但在铸造史上却是一种突破。夏家店下层文化青铜器装饰品较多，但没有铜爵、铜斝、铜鼎等容器出土。二里头文化中的青铜器器型较夏家店下层文化丰富，铸范技术相对发达，说明在青铜器发展的总体水平上，二里头文化应高于夏家店下层文化。二里头文化与夏家店下层文化之间还有一些因素，虽然没有直接表现为二者文化青铜器上的对应，但仍不失为是影响二者文化发展的重要因素。如夏家店下层文化的部分陶器器型为仿铜陶器，与二里头文化中的

---

[1] 中国社会科学院考古研究所内蒙古工作队：《大甸子——夏家店下层文化遗址与墓地发掘报告》，科学出版社，1996年。

多元一体——先秦时代的文化交流

青铜器器型极为相似。敖汉旗大甸子遗址出土的陶质礼器鬶、爵，与二里头文化中部分青铜容器器型相似。大甸子遗址出土的陶爵与二里头文化二期的长流铜爵，口外敞、流上翘，尾部平出，瘦腹，束腰，圜底，矮足（图2-34）。这种情况说明夏家店下层文化居民接触过此类青铜器，可能是二里头文化同类青铜器流入了夏家店下层文化人群中。

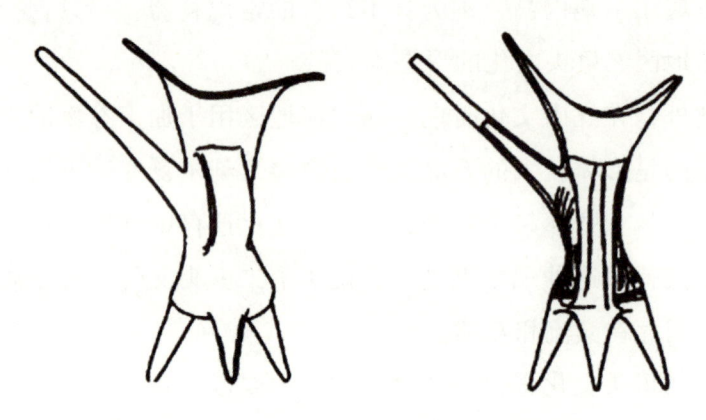

左：大甸子遗址出土的陶爵[1]；右：二里头文化遗址出土的陶爵[2]。

图 2-34　陶爵

夏家店下层文化的彩绘纹饰对二里头文化青铜器纹饰产生了一定的影响。大甸子墓地出土可辨认器型的彩绘陶有334件，纹样有171种。[3] 依据纹饰在器物上的位置和图案结构，大体可分

---

[1] 中国社会科学院考古研究所内蒙古工作队：《大甸子——夏家店下层文化遗址与墓地发掘报告》，科学出版社，1996年。

[2] 中国社会科学院考古研究所：《偃师二里头1959—1978年考古发掘报告》，中国大百科全书出版社，1999年。

[3] 中国社会科学院考古研究所辽宁工作队：《敖汉旗大甸子遗址1974年试掘简报》，《考古》1975年第2期。

为主体纹饰和辅助纹饰两种。彩绘陶较典型的纹饰图案是以动物、植物和自然现象为题材的纹饰，主要有兽面纹、勾云纹及植物纹等，此外还有鸟兽纹和龙纹。二里头文化青铜器上出现过饕餮纹、兽面纹，铜牌饰上的纹饰与夏家店下层文化彩绘陶器纹饰也近似。（图 2-35）

图 2-35　大甸子墓地出土的彩绘陶尊（M377：28）纹饰展开示意图[1]

通过以上对两种文化陶器、青铜器、彩绘纹饰等方面的比较可以看出，无论是文化还是技术方面，夏家店下层文化与二里头文化之间均存在着互相交流，辽西与中原史前文化彼此交流、融合，最后同诸多的文化共同构筑了中华文明多元一体的格局。

3. 与先商、商文化的关系

对先商文化的研究，是在殷墟发掘、二里冈商城发现之后开始的。先商文化是指夏代产生的，以商族为主体所创造的物质文化遗存。[2] 先商文化的分布范围大致为北起拒马河，南至郑州和周口地区北部，西抵太行山西麓，东至河北东部和开封、周口地区

---

[1] 王苹：《内蒙古敖汉旗大甸子墓地出土彩绘陶器纹饰试析》，《四川文物》2019 年第 6 期。

[2] 赵越：《浅析先商文化中的几个问题》，《黑河文化》2017 年第 4 期。

东部。发现的主要遗址有郑州二里冈[1]、武安赵窑[2]、永年何庄[3]、易县下岳各庄[4]、任丘哑叭庄[5]等。

先商文化和夏家店下层文化可以说是隔拒马河相望,两种考古学文化之间存在很多共同之处。从陶器来看,二者的泥质陶均多于夹砂陶,且均以泥质灰陶为主;器表均以绳纹为主,素面和磨光也占一定比例,还有少量的附加堆纹等;两种文化的器类均以鬲、罐、盆为大宗。在属于先商文化的白龙、辛庄克等遗址出土有夹砂黑陶敞口尊,在辛庄克遗址发现有侈口束颈鼓腹簋,这种敞口尊、鼓腹簋与夏家店下层文化同类器极其相同。最有趣的是,在诸多先商文化遗址中出土了几种鬲,其形态与先商典型的高锥足绳纹鬲不同,而与夏家店下层文化常见的鬲相似。另外,哑叭庄遗址出土的肥袋足鬲、下岳各庄遗址出土的宽沿筒状绳纹鬲,虽不同于夏家店下层文化同类器,但从其作风上看,显然是受了后者的影响(图2-36)。[6]就石器而言,二者均以磨制为主,石刀、石铲、石斧均占较大比例,且形制相近,都有大量的矩形石刀、梯形石铲、扁平长方形石铲等,夏家店下层文化中的典型器有肩石铲,在先商文化中也有出现。从骨器来看,均见柳叶形、

---

1 中国社会科学院考古研究所:《郑州二里岗发掘报告》,科学出版社,1959年。

2 陈惠、江达煌:《武安赵窑遗址发掘报告》,《考古学报》1992年第3期。

3 邯郸地区文物保管所、永年县文物保管所:《河北省永年县何庄遗址发掘报告》,《华夏考古》1992年第4期。

4 拒马河考古队:《河北易县涞水古遗址试掘报告》,《考古学报》1988年第4期。

5 河北省文物研究所、沧州地区文物管理所:《河北省任邱市哑叭庄遗址发掘报告》,《文物春秋》1992年第S1期。

6 沈勇:《保北地区夏时代两种青铜文化之探讨》,《华夏考古》1991年第3期。

三角形铤身分界不明的骨镞和有双翼带圆锥形铤的骨镞。

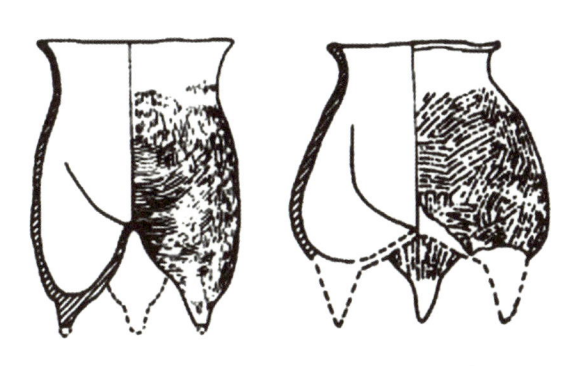

图 2-36　下岳各庄文化陶器[1]

　　商朝建立后，商人把北土作为开拓的目标，因此在商前期对北方存在着强劲的商文化辐射力，夏家店下层文化在商朝前期不同程度地受到商文化影响。以陶器为例，内含明显的商文化因素。筒腹鬲是辽西地区夏家店下层文化的常见器型，在燕山以南地区发现的筒腹鬲中，随着时代的变化，鬲足由高变矮，裆由深变浅，变化趋势与辽西地区相同（图 2-37）。这种鬲虽然数量不多，但从大坨头文化的早期到晚期都有发现此鬲，主要分布在壶流河、涞水和房山地区，这暗示了夏家店下层文化南下的路线及分布范围。[2] 关于这几件鬲的出土环境，有几种情况：一种是出土在墓中，如三关遗址的 M2008 和琉璃河遗址的 M1，其组合都有筒腹鬲和圈足簋，这两个遗址年代相差较大，说明这种随葬品组合沿用了相当长的时间。另一种是出土在居住址中，渐村 H1 的两件筒腹

---

[1] 张翠莲：《尧方头遗址与下岳各庄文化》，《文物春秋》2000 年第 3 期。
[2] 北京市文物管理处等：《北京琉璃河夏家店下层文化墓葬》，《考古》1976 年第 1 期。

多元一体——先秦时代的文化交流

鬲与夏家店下层文化典型的弦断绳纹盆共生，整个灰坑不见燕山南部的文化因素。在燕山以南地区发现的墓葬和灰坑都应是辽西地区夏家店下层文化居民南下的证据。在下岳各庄遗址出土的环状铜耳环和算珠形纺轮、在哑叭庄遗址出土的有孔骨匕、在何庄遗址和下岳各庄遗址出土的盘状器，都与夏家店下层文化同类器别无二致，因其数量较少，且多在靠近后者地域之处出土，无疑是受后者影响而产生的。商文化建筑中常见的夯筑墙技术也传到夏家店下层文化中。[1] 所有这些现象足以反映出时代上大致相同、地域上互为相邻的两种考古学文化之间的某种联系。

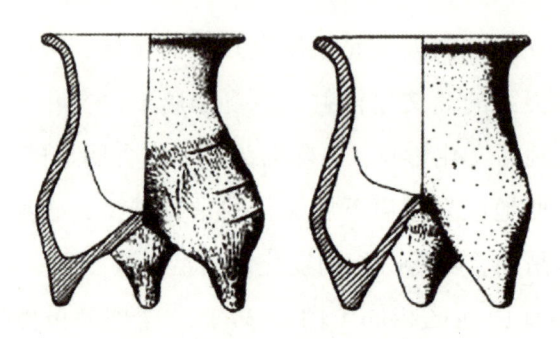

图 2-37 辽宁建平水泉遗址出土的夏家店下层文化陶器[2]

1977 年 8 月，在北京市平谷县（现在的平谷区）南独乐河乡刘家河发现一处商墓，墓内随葬品十分丰富，出土各类器物 40 余件。其中青铜礼器出土于南部二层台上，椁室内发现有金耳环、金臂钏、玉钺、玉璜、铁刃铜钺以及青铜泡饰等。根据墓葬的形

---

1 杜金鹏：《试论夏家店下层文化中的二里头文化因素》，《华夏考古》1995 年第 3 期。
2 汤艳杰：《辽宁建平水泉遗址夏家店下层文化 陶器类型分析》，《文物春秋》2018 年第 1 期。

制结构和随葬器物，考古学家判断其为商代中期的大型墓葬。[1]
刘家河墓主人为商代当地方国的显贵或领袖人物，并不是商人。[2]
值得注意的是，刘家河商墓出土的金耳环与北京昌平雪山村、河北唐山小官庄、北京房山刘李店、赤峰市敖汉旗大甸子等遗址中所出土的金、铜耳环形制相似。这件金耳环为圆形，直径1.5厘米，一端为圆尖，另一端呈扁喇叭状，宽2.2厘米，喇叭口上有一沟槽，似原有镶嵌物（图2-38）。扁喇叭口式的金（或铜）耳环是夏家店下层文化乃至围坊三期文化鲜明的地方文化特点之一，这就为研究夏家店下层文化与商代文化的关系提供了重要线索。刘家河商墓填土中的陶片，虽有夏家店下层文化的特征，但由于残片

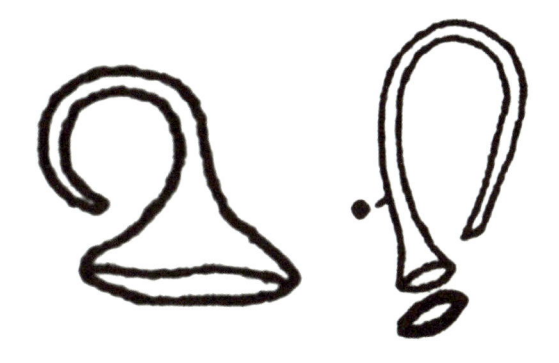

左：刘家河商墓出土的金耳环[3]；右：辽宁平顶山遗址出土的铜耳环[4]。

图2-38 喇叭状耳环

---

1 袁广阔：《对北京平谷刘家河商墓的几点认识》，《中国文物报》2019年11月29日。
2 李先登：《北京平谷刘家河商墓发现的重大意义》，《考古学研究》2006年。
3 北京市文物工作队：《北京平谷刘家河遗址调查》，《北京文物与考古》第三辑，北京市文物研究所，1977年。
4 辽宁省文物考古研究所、吉林大学考古系：《辽宁阜新平顶山石城址发掘报告》，《考古》1992年第5期。

较小，器型不易辨识，又是出于墓葬填土中，可能是地表土壤中混入的，所以只能作一个联系的旁证。刘家河墓葬成组器物的发现，对了解商文化的分布、商王朝地域问题以及商文化与夏家店下层文化的直接联系等问题都有着重要的意义。

从兴隆洼文化开始，直到夏家店下层文化时期，燕北西辽河流域的考古学文化的发展虽有起伏，但基本上处于上升态势。到夏家店下层文化时期，该地文化的发展水平在东北地区乃至整个东亚地区，仍处于领先地位。究其原因，除了气候等自然条件外，文化的交流，特别是与中原地区发生的密切的文化交流是一个重要因素。燕北西辽河地区凭借独特的地理位置，广泛吸纳周围文化，尤其是中原文化的新鲜血液和先进因素，使文化更具开放性，在此基础上形成了更加丰富的文化特征。

（五）夏家店下层文化与东方地区的文化交流

与岳石文化的关系：岳石文化是继山东龙山文化之后分布于海岱地区的一支考古学文化，因最早发现于山东省平度市东岳石村而得名，距今约4900—4600年。

岳石文化和夏家店下层文化为两种时代大致相同的考古学文化，这两种考古学文化之间存在不少共同之处。在遗迹方面，从平面看二者的房址，都有方形和长方形，从布局看都有单间和双间，从结构看都发现有红烧面和柱洞；二者的灰坑都有椭圆形、圆形、方形和不规则形，且均以圆形和椭圆形为主。从遗物来看，就最为常见的陶器而言，二者均有大量的夹砂褐陶和泥质灰陶；陶器的制法均以手制为主，部分器物口沿经过慢轮修整；均有一部分陶器外表颜色斑驳，灰褐相杂；器表均有一定量的素面和磨光以及少量附加堆纹、划纹及彩绘；器类中均多见罐、盆、瓮、鼎等。从石器来看，二者均以磨制石器为主，均有少量细石器存在；器类均多见刀、铲、斧等；均有大量的扁平长方形石铲、梯形石铲、圆角长方形石斧、矩形石刀等。二者的骨器均有铤身分界不明显的三棱形或圆锥形骨镞，铤身分界明显的身为三角形或圆锥形、铤为圆锥形的骨镞，穿孔或无孔长条形的骨匕。二者的卜骨都选用动物的肩胛骨制成，上面有钻有灼。

岳石文化与夏家店下层文化在陶器上的共性较多，在山东省的照格庄、郝家庄等岳石文化遗址发现的尊，敞口、直腹，下腹内折，与南山根、丰下等夏家店下层文化遗址出土的同类器相似；在东山咀、丰下等夏家店下层文化遗址出土的泥质黑陶磨光浅盘豆、厚唇直壁矮圈足的圈足盘，与岳石文化尹家城遗址、清凉山遗址所出同类器完全相同。[1] 此外，在药王庙、南山根、丰下等遗址出土陶器所带附加堆纹上加窝纹或划纹，或是三足器裆部饰附加堆纹的风格在岳石文化遗址中也多有发现[2]；在蜘蛛山等遗址出土的夹砂罐或泥质钵口沿上发现有叠边或鼓边，正是岳石文化的特征之一；东山咀遗址出土的侈口直壁盆，在上腹、中腹及底部各有凸棱一周，而岳石文化的泥质器皿外表多见凸棱。

此外，在岳石文化遗址中还发现有少量夏家店下层文化常见的盘状器、有肩石铲、细石器等，在夏家店下层文化遗址中也发现了少量极富岳石文化特色的半月形单孔、双孔或无孔石刀（图2-39）。此类石刀是用于收获农作物禾穗的一种农具，使用时将穿于双孔或单孔的皮条或是细绳套在中指和无名指上，弧背靠握

---

1 辽宁省博物馆等：《内蒙古赤峰县四分地东山咀遗址试掘简报》，《考古》1983年第5期。
2 中国社会科学院考古研究所内蒙古工作队：《宁城南山根遗址发掘报告》，《考古学报》1975年第1期。

多元一体——先秦时代的文化交流

在四指处，使刃朝向拇指和手腕处，拇指将禾穗拢在刀刃和拇指之间，用力一握就能迅速地把禾穗掐断。所有这些都说明了这两种考古学文化之间交往的频繁。

左：尹家城遗址 H8[1]；右：辽宁喀左土城子遗址 H65[2]。

图 2-39 弧背直刃刀

新石器时代以后，我国各个区域逐渐形成了各具特色的旱地农业经济文化区、稻作农业经济文化区以及狩猎采集经济文化区。[3] 在此基础上，还演变出了不同的文化系统：以中原为核心的华北系统——鬲文化系统，以长江中下游为主的东南系统——鼎文化系统，以辽河流域为中心的东北系统——罐文化系统。[4] 这些文化区在发展、传播与扩张的过程中，相互之间发生了碰撞、交流与融合，从而大大加快了彼此进步的步伐，这种交流与融合进入青铜时代后，其发展更盛。文化交流是文化发展和进步的动力，各文化圈之间物质文化和精神文化的相互交流和彼此补充，

1　任相宏：《岳石文化的农具》，《考古》1995 年第 10 期。

2　辽宁省文物考古学研究所、中国人民大学历史学院、喀左县博物馆：《辽宁喀左土城子遗址 2014—2015 年发掘报告》，《文物》2018 年第 4 期。

3　严文明：《中国史前文化的统一性与多样性》，《文物》1987 年第 3 期。

4　严文明：《中国古代文化三系统说（提要）——兼论赤峰地区在中国古代文明发展中的地位》，《遥远文化研究·资料选编》第二辑，内蒙古教育出版社，2005 年。

是推动文化发展的根本机制。[1]

距今4000多年的夏家店下层文化是在辽西地区传统文化因素的基础上，吸收周边地区考古学文化因素而融合发展起来的一支早期青铜时代文化。在东北地区同时期的考古学文化中，夏家店下层文化不仅是最早进入青铜时代的一支考古学文化，而且也是发展水平最高的一支考古文化，在东北地区早期青铜文化的形成和发展过程中起着突出的引领作用，夏家店下层文化与周边地区不同文化通过辽西古廊道互相传播、交流，不断吸收周边和中原地区的先进文化因素。中原地区和医巫闾山以东地区也曾受到夏家店下层文化的强烈影响。

综上所述，在文化交流过程中，各地文化之间交流互动的通道不仅有南北向的，同时也有交叉着东西向的。这种纵横交错的网格状通道，使得中原文化与北方地区文化之间的互动能够全面而又丰富地实现。

三、夏家店上层文化

（一）夏家店上层文化的崛起

1. 初露头角

我国考古学事业起步于20世纪20年代初期考古学之父李济对山西夏县西阴村遗址的发掘。当时的考古学发展尚处于比较落后的水平，许多遗址未能得到妥善的发掘与研究，夏家店上层文化遗址的发现便是其中的一处。20世纪30年代，日本考古学者

---

[1] 列·谢·瓦西里耶夫：《中国文明的起源问题》，郝镇华等译，文物出版社，1989年。

多元一体——先秦时代的文化交流

水野清一、滨田耕作一行在国内考古人员之前发掘了赤峰红山后石椁墓群,但由于他们对该地区考古学文化的认知不足,未能正确地将晚期文化与史前文化进行区分,故将该文化统一命名为"赤峰第二期文化"。实际上所谓的"赤峰第二期文化"的考古内涵并非一种考古学文化,而是夹杂了夏家店下层、夏家店上层这两种文化因素的遗存,水野清一和滨田耕作在此次发掘的基础上所著的《赤峰红山后》一书成为研究当时该地区红山文化以及周邻各文化的重要考古学资料。之后将近30年左右的时间内,对考古遗存进行科学发掘以及后续研究的工作始终未能顺利展开。

20世纪50年代末,中国社会科学院考古研究所内蒙古工作队在内蒙古赤峰市进行考古调查时,发现了文化内涵完全不同的两种文化遗存,并于1960年在赤峰近郊药王庙和夏家店遗址进行了试掘,出土了大量的陶器、青铜器及骨角器等遗存。这次发掘所获得的丰硕成果为夏家店上层文化的研究打下了坚实的基础,专家根据试掘成果,首次提出了"夏家店上层文化""夏家店下层文化"的命名。[1]

1961年,为进一步研究赤峰地区的考古学文化,考古学者们在位于宁城县八里罕镇南山根村南山坡上展开了进一步的发掘。该次发掘面积达236平方米,一共发掘出夏家店上层文化灰坑14座,墓葬9座。1963年夏季,当地群众在农作时又发现了大批青铜器并送交公社保管。同年9月,据民众提供的线索,东北考古队一行工作人员找到一大型石椁墓,并将该墓编号为M101,后经清理出土了大小青铜器500余件,包括容器、兵器、工具、

---

[1] 《赤峰药王庙、夏家店遗址试掘报告》,《考古学报》1974年第1期,第111—144页。

车马器、装饰品等，另外还有少量金器、石器及骨器，根据石椁墓M101出土的中原青铜礼器，可断定墓葬的年代为西周晚期至春秋早期。同时，在该墓西边发现了石椁墓M102号墓，并出土了一批青铜器和一块特殊的刻纹骨板。这两座石椁墓的发现，开启了夏家店上层文化研究的崭新的一步。[1]

1963年，中国社会科学院考古研究所内蒙古工作队发掘了赤峰蜘蛛山遗址，在该遗址中发现了红山文化、夏家店下层文化、夏家店上层文化和战国——汉初文化的堆积，进一步明确了这四种文化的相对年代。[2]

1975年，当地考古队经过考古调查，于赤峰市宁城县小黑石沟村发现了早前一批征集的青铜器，原是该处出土，遂而将其命名为小黑石沟遗址。1980年清理该遗址时，发现了一座中型石椁墓，出土青铜器10余件。1985年，又发现了一座大型石椁墓，共出土青铜器400余件，出土物数量之大，形制之精美，在学术界引起了非常大的轰动。此后，内蒙古自治区文物考古研究所相继于1992、1993和1998年对该遗址进行了多次考古发掘，共清理夏家店上层文化房址、灰坑、窖穴、祭祀坑及墓葬等遗迹300余处，累计揭露面积超过2300平方米。它的发掘极大地丰富了夏家店上层文化的内涵，为该文化分期断代、生业经济、聚落形态等研究增添了大量详实的资料，是夏家店上层文化最重要的遗

---

[1] 安志敏、郑乃武：《内蒙古宁城县南山根102号石椁墓》，《考古》1981年第4期，第304—308页。
[2] 徐光冀：《赤峰蜘蛛山遗址的发掘》，《考古学报》1979年第2期，第215—243页。

多元一体——先秦时代的文化交流

址之一。[1]

1981年5月，内蒙古昭乌达盟翁牛特旗刮了一场大风，大风过后，在乌兰敖都公社查干敖尔大队大泡子村东头一处沙窝中，露出了两柄青铜短剑。同年10月，贾鸿恩一行人前往该地区进行考古调查，发现有椭圆形的扰坑暴露在地表上，据村民提供的信息得知，出土两把剑的同时还伴随有两把铜刀和一些散碎的铜饰件，以及8件泥制的陶罐，还见到了人的头骨和股骨，这便是后来的翁牛特旗大泡子青铜短剑墓。该墓的发现，为夏家店上层文化的文化性质及年代和分期研究增添了新的考古资料。[2]

1987—1991年，内蒙古自治区文物考古研究所在内蒙古克什克腾旗土城子镇南6000米处的龙头山北坡先后进行了四次发掘，揭露面积5000余平方米，篦纹陶片是该遗址出土的较为有特色的遗物，纹理浅，纹样简约，多施于陶器的口沿部位，同时，龙头山遗址也是发掘面积最大、遗存内涵丰富且文化性质单纯的一处夏家店上层文化遗址。[3]

2002年5—6月，吉林大学边疆考古研究中心和内蒙古自治区文物考古研究所联合对内蒙古克什克腾旗、林西县、巴林左旗进行了区域考古调查，在将近两个月的时间里，考古工作队在地方文管部门的积极配合下，在克什克腾旗关东车村西北约20米的山前缓坡台地上采集到了大量陶片、石器、铜泡饰、蚌饰，并

---

[1] 孙国军、随瑞轩：《宁城县西周至战国小黑石沟墓群》，《赤峰学院学报》（自然科学版）2015年第31卷第7期，第277页。

[2] 贾鸿恩：《翁牛特旗大泡子青铜短剑墓》，《文物》1984年第2期，第50—54页。

[3] 井中伟：《夏家店上层文化的分期与源流》，《边疆考古研究》2012年第2期，第149—174页。

散见人骨、兽骨、红烧土块等。[1]该遗址出土的鹿、野牛、狼、野马、狐狸等大量野生动物的骨骼,充分肯定了狩猎经济在当时西拉木伦河流域的地位。[2]它的发掘也弥补了夏家店上层文化在墓葬形制、陶器原料、陶器纹饰等方面地域考古工作中的不足。

2005—2006年,内蒙古自治区文物考古研究所和吉林大学边疆考古研究中心为配合内蒙古赤峰市三座店水利枢纽工程的建设,共同对位于赤峰市松山区上机房营子村北的上机房营子遗址进行了两次抢救性发掘。经发掘发现,该遗址主要包含夏家店下层文化和夏家店上层文化两个文化遗存。发掘过程中也获得了大量古环境信息的第一手资料,包括动植物遗存、岩石资源等环境考古材料,此外还出土了大量与古代人类生活相关的石城等文化遗存。[3]

2. 从北到南,戎马倥偬

夏家店上层文化是一支较为发达的青铜时代考古学文化,距今约2700—2300年,年代不早于西周早期,至晚不晚于战国早期。西周晚期至春秋早期进入繁荣时期,春秋中期步入衰退期。[4]主要分布区域为老哈河流域和西拉木伦河流域,东边以努鲁儿虎山—大凌河上游一线为界,西抵浑善达克沙地的东部,南界比较

---

[1] 朱永刚:《克什克腾旗关东车遗址考古调查与试掘》,《边疆考古研究》2003年第00期,第15—29页。

[2] 朱永刚:《夏家店上层文化向南的分布态势与地域文化变迁》,《庆祝张忠培先生七十岁论文集》,科学出版社,2004年,第422—436页。

[3] 肖晓鸣、汤卓炜:《赤峰上机房营子遗址人地关系研究》,《草原文物》2014年第1期,第138—144页。

[4] 党郁:《夏家店上层文化本源铜器考》,《草原文物》2012年第1期,第37—44页。

模糊，一般认为是燕山一带。[1]主要发掘有夏家店、蜘蛛山、小黑石沟、药王庙、南山根、龙头山和关东车等遗址。[2]

该文化以农业经济为主，主要农作物为粟，另外有少量的黍、高粱、蓖麻籽等农作物，遗址内部出土有马、牛、羊、猪、犬等家畜类动物骨骼，野生动物有獐、狼、狐狸、熊、兔等，说明该文化的经济模式是以农业经济与狩猎经济为主。[3]发现的窖穴遗址平面呈方形、圆形、袋形三种。[4]房址为半地穴式和地面式建筑两种。墓葬多分布于聚居聚落周边，排列整齐有序，竖穴土坑，发现个别石椁木棺，墓葬大小不同，规模相差悬殊。[5]出土器物有陶器、石器、青铜器和骨器，尤以青铜器而闻名。

陶器以素面为主要特征，多夹砂红、褐陶，手制，陶质疏松，火候不高，陶色不均。器物表面多经过磨光，个别器物上装饰有刻划的几何纹或动物纹样，器型主要为鬲、甗等三足器，以及鼎、豆、罐、盆、钵等，其中鬲、盆、钵的口沿常施泥条附加堆纹，形成外叠唇，部分器物的领口和腹部有瘤状耳或环状耳。另外还见有少量的壶、鼓形器、勺、纺轮等。[6]

1　肖晓鸣、汤卓炜：《赤峰上机房营子遗址人地关系研究》，《草原文物》2014年第1期，第138—144页。

2　肖晓鸣、汤卓炜：《赤峰上机房营子遗址人地关系研究》，《草原文物》2014年第1期，第138—144页。

3　孙永刚：《辽西地区新石器时代至青铜时代考古学文化研究述论》，《赤峰学院学报》（汉文哲学社会科学版）2007年第5期，第4—6页。

4　武家昌：《略论夏家店上层文化（摘要）》，《辽宁大学学报》（哲学社会科学版）1987年第5期，第111页。

5　孙永刚：《辽西地区新石器时代至青铜时代考古学文化研究述论》，《赤峰学院学报》（汉文哲学社会科学版）2007年第5期，第4—6页。

6　党郁：《夏家店上层文化本源铜器考》，《草原文物》2012年第1期，第37—44页。

石器加工较为粗糙，以磨制为主，打制石器为辅，有斧、刀、铲、砺石、环形石器，此外还有一批加工极为精美的石范，用于铸造空首斧、环首刀、齿柄刀、凿、泡、铃、联珠饰、箕形饰、三翼镞等。[1]

青铜器主要以武器、车马器、带有精美动物纹图案的装饰品为特点，武器主要有短剑及其剑鞘、矛、盔、管銎斧、管銎戈、镞等；车马器主要有衔、镳、铃、銮铃、轭等；装饰品丰富多样，其上的精美动物纹图案除骑马追兔、张弓射鹿以及卧鹿、群鸟、群兽、伫立状虎、卷曲成环的猛兽形象外，还有鸟、蛇、鸭、蛙、山羊等形饰以及阴阳人、动物相斗、动物交媾等形象。[2]

夏家店上层文化的石器、陶器、房屋建筑等方面的物质文化发展水平远远落后于夏家店下层文化，但青铜器却远比夏家店下层文化精良。[3] 居民过着定居生活，经营着粗放农业，不仅与长城沿线各区域的青铜文化有着千丝万缕的联系，而且在欧亚大陆草原青铜文化中也发挥着极其重要的作用。[4]

关于夏家店上层文化的族属问题，目前学界主要有"山戎说"和"东胡说"之争。山戎为宗周之际北方戎族的一支，它的活动范围、存在时间与夏家店上层文化遗址的分布范围、时间正相吻合。另外，夏家店上层文化的势力于春秋中期后急转直下，

1　党郁：《夏家店上层文化本源铜器考》，《草原文物》2012年第1期，第37—44页。

2　乌恩：《论夏家店上层文化在欧亚大陆草原古代文化中的重要地位》，《边疆考古研究》2002年，第139—155页。

3　席永杰、滕海键、季静：《夏家店上层文化研究述论》，《赤峰学院学报》（汉文哲学社会科学版）2011年第32卷第5期，第1—2页。

4　武家昌：《略论夏家店上层文化(摘要)》，《辽宁大学学报》(哲学社会科学版)1987年第5期，第111页。

自北向南的势头也戛然而止,分布区域仅止于燕山以北。业内众多学者认为,这可能与鲁庄公三十年齐桓公北伐山戎的战事相关。"东胡说"的支持者则称夏家店上层文化与东胡人的活动地域、所处时期、畜犬殉犬的祭祀方式、髡头习俗、覆面殓葬、体质人类学等方面相合不悖,故认为夏家店上层文化的居民应为东胡一族。[1]"东胡说"的反对者们则认为夏家店上层文化处于西周中期至春秋中期,此时"东胡"的称呼尚未出现,所以夏家店上层文化不应属于东胡之文化[2]。目前因考古资料、文献记录不够完善,还无法得出准确的结论,故而业内学者各执一词,众说纷纭,尚无定论。

夏家店上层文化作为北方地区一支强盛的青铜时代文化,在其繁荣期自北向南一路扩展,一度对当时中原地区的诸侯国造成了非常大的威胁,但是关于南迁的原因,却不单纯是因为它的强盛与野蛮,环境的变化与外界的侵扰也是夏家店人南迁的重要因素。据研究表明,夏家店上层文化处于科尔沁沙地边缘地带,及农牧交错地带,再加上当时全球全新世大暖期结束与新冰期到来,该地区作为自然环境敏感地带,是最先受到影响且影响最大的地区。当时该地区的气候由温暖湿润变为温暖干燥,森林数量骤减,草原地带猛增,农业受到严重打击,收成也急剧萎缩,已完全没办法支撑当地居民的正常生活了,为了弥补农业方面的亏损,夏家店人只好以加重渔猎来平衡生业模式。有资料显示,中原诸侯国与山戎、东胡的战争主要在夏

---

[1] 靳枫毅:《夏家店上层文化及其族属问题》,《考古学报》1987年第2期,第177—208页。

[2] 武家昌:《略论夏家店上层文化(摘要)》,《辽宁大学学报》(哲学社会科学版)1987年第5期,第111页。

季和冬季，可能正是因为自然环境的因素而导致食物来源不足，他们只能以掠夺的方式来维持生计。也正是在这样外界和自然环境的双重促使之下，夏家店人开始将活动范围向更加适宜农业发展与生活稳定的南部滦河流域迁徙。[1]

3. 寻寻觅觅，水乳交融

随着夏家店下层文化的消亡，来自中原地区、北方草原、松嫩平原、辽东地区等地的北方族群纷纷涌向辽西一带，逐渐在这片地区形成了一个新的方国联盟团体，这便是后来的夏家店上层文化。[2] 同时，夏家店上层文化的人们在自然力或非自然力的逼迫下，辗转各地或者改变生活方式，也体现了当地文化之间不断融合、交流。

两周至春秋时期，内蒙古地区的青铜冶铸技术迅速发展，高台山文化与夏家店下层文化人群各自占据医巫闾山东、西两侧，双方雄踞一方，势力不相上下。之后，夏家店下层文化退出历史舞台，高台山文化也受到了周遭文化的强烈打击，并向西迁徙，后逐渐消亡，形成了最早的夏家店上层文化。[3]

夏家店上层文化出土的器物类型及其演变规律极具复杂性，在分析其文化构成因素过程中发现，东北青铜系文化、辽北嫩江流域的白金宝文化、中原青铜文化、南西伯利亚地区的欧亚草原文化等都是其形成独具地域性特征文化的重要组成部分。

---

[1] 胡良：《夏家店上层文化生业模式量化研究》，硕士学位论文，黑龙江大学，2018年。

[2] 王岩頔：《曲刃剑与异形戈体现多种文化融合》，《辽宁日报》2021年11月12日。

[3] 董新林：《高台山文化研究》，《考古》1996年第6期，第52—66页。

（二）夏家店上层文化与东北地区文化的交流

1. 与高台山文化的关系

高台山文化是辽北地区一支重要的青铜时代文化。因1973年辽宁省沈阳市高台子乡高台子村高台山遗址的发掘而得名，距今3800年左右，年代与夏家店下层文化大致平行。主要分布于辽北地区，至商晚期开始向西迁徙，上承平安堡二期文化，下启夏家店上层文化与魏营子文化。主要遗址有高台山遗址、东高台山遗址、平安堡遗址等。[1] 从陶器演变来看，高台山文化与夏家店上层文化的承接关系具有十分明显的特征。据专家推测，高台山文化因某种原因，或自然灾害，或战争，不得已而迁徙到了辽西地区，最终形成了最早的夏家店上层文化。[2]

高台山文化的鋬耳筒腹鬲器身比较修长，微敛口，四个鋬耳，腹部呈筒形，圜底袋状短足，足尖微微向外撇，裆比较低，腹部下端微外鼓（图2-40）。[3] 在夏家店上层文化克什克腾旗龙头山遗址出土的陶鬲，口部微外侈，两个鋬耳，直腹，裆部较高，袋状锥足（图2-41）。两件器物均为直腹、短足、鋬耳，相似度非常高。[4]

---

1 陈平：《高台山文化研究综述》，《北京文物与考古》2004年，第97—111页。
2 赵宾福：《东北青铜时代考古学文化谱系格局的研究》，《边疆考古研究》2012年第2期，第127—147页。
3 郭京宁：《试论高台山文化的陶器分期》，《北京文博文丛》2014年第1期，第60—67页。
4 《赤峰药王庙、夏家店遗址试掘报告》，《考古学报》1974年第1期，第111—144页。

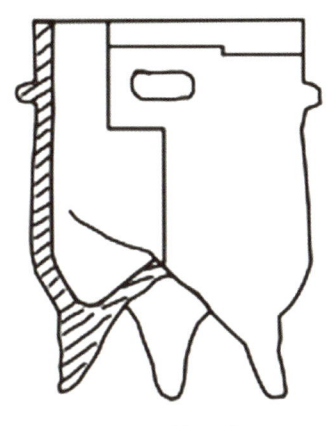

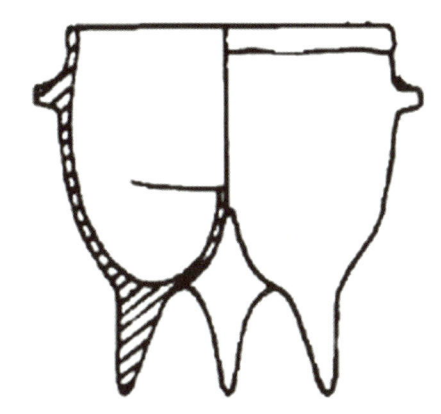

图 2-40　鋬耳直腹鬲　　图 2-41　Ad Ⅱ 式筒腹鬲

花边鬲，即口沿或领部带有附加堆纹条带的陶鬲，是具有鲜明地域和时代特征的一类陶鬲。主要分布于内蒙古中南部区，陕北区，泾水流域、渭水中上游区，辽西区，冀北燕山南麓区，松嫩平原区。目前发现出土花边鬲最早的地区为内蒙古中南部，后传播至陕北一带，随后继续向东发展至燕山一带，此后继续向北来到下辽西地区的夏家店上层文化，最北传播到嫩江流域的白金宝文化分布区域。[1] 夏家店上层文化小黑石沟遗址 85NDXA Ⅰ T0009 ③ : 2 就有比较典型的花边鬲，夹砂灰褐陶，直领微侈，溜肩，口沿下饰一周排列整齐的附加堆纹（图 2-42）。

1　霍耀：《花边鬲研究》，吉林大学，硕士学位论文，2018 年。

图 2-42　D 型花边鬲[1]

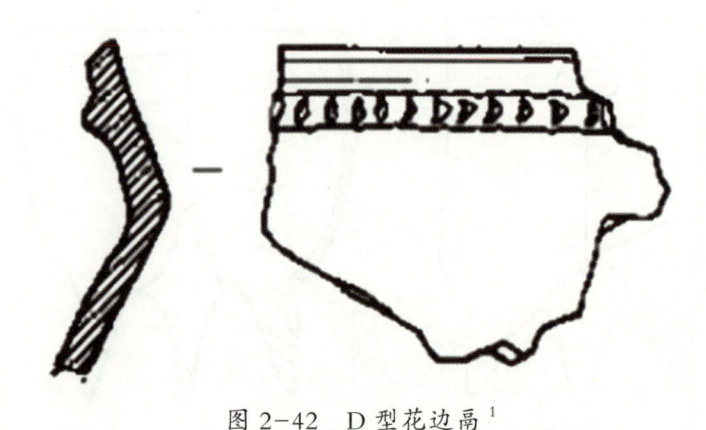

在新民市高台山遗址出土有罐，根据有无环耳分为 A 型无耳罐和 B 型带耳罐，B 型罐又分为三式，三式均为高领，其中 I 式环耳罐，竖颈，腹部鼓起，溜肩，环耳位于腹部（图 2-43）。平底鼎仅在东高台山遗址有所发现，大都为平底，其身为筒形，短足（图 2-44）。[2] 克什克腾旗龙头山遗址的 C II 式扁腹鬲，侈口、裆部近平，左右各有一桥形环耳。A I 式深腹鼎，体大、桥形环耳。[3]

1　内蒙古自治区文物考古研究所等：《小黑石沟——夏家店上层文化遗址发掘报告》，科学出版社，2009 年。
2　赵宾福：《东北青铜时代考古学文化谱系格局的研究》，《边疆考古研究》2012 年第 2 期，第 127—147 页。
3　齐晓光：《内蒙古克什克腾旗龙头山遗址发掘的主要收获》，《内蒙古东部区考古学文化研究论文集》，海洋出版社，1991 年，第 58 页。

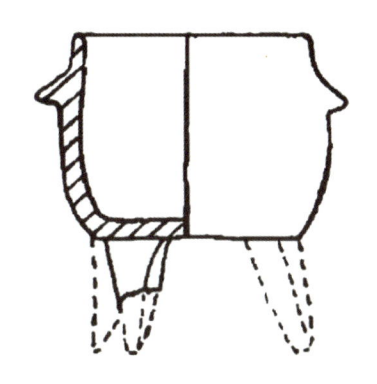

图 2-43　双耳罐　　　图 2-44　平底鼎[1]

　　高台山文化遗址出土的 B 型 I 式环耳罐（图 2-45、图 2-46）和平底鼎，应该是夏家店上层文化遗址中出土的环耳鬲和环耳鼎的前身，是夏家店人将这两种器物进行组合后的创新，也更进一步说明了这两种文化相互融合的深度。[2]

　　观察高台山文化和夏家店上层文化的陶器群，可发现它们之间的共性均为夹砂红褐陶系，采用泥圈套接法制作而成。陶器火候不高，质地较疏松，器表多素面磨光，尤其一些陶器的特征，如口沿外叠唇、素面以及在外壁贴附鋬耳、桥耳等方面，两者表现出很大的一致性，鼓腹鬲、筒腹鬲、甗、深腹鼎、盆、钵等形制均有承袭迹象。[3] 以鬲、甗、鼎为代表的三足类陶器，不仅形制十分接近，甚至从高台山文化到夏家店上层文化的演进脉络都

1　《赤峰药王庙、夏家店遗址试掘报告》，《考古学报》1974 年第 1 期，第 111—144 页。
2　赵宾福：《东北青铜时代考古学文化谱系格局的研究》，《边疆考古研究》2012 年第 2 期，第 127—147 页。
3　董新林：《高台山文化研究》，《考古》1996 年第 6 期，第 52—66 页。

下编　青铜时代

197

非常清晰。其中筒腹鬲和甗是一脉相传的，而夏家店上层文化时期新出现的环耳鬲和环耳鼎应该是由高台山文化晚期环耳罐和平底鼎两类陶器结合以后创造出来的新器型。[1]夏家店上层文化应是高台山文化的一部分，并与本地晚商文化共同形成的。[2]

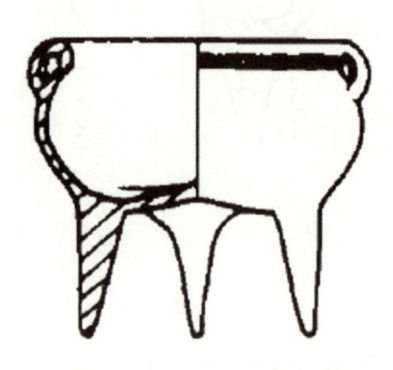

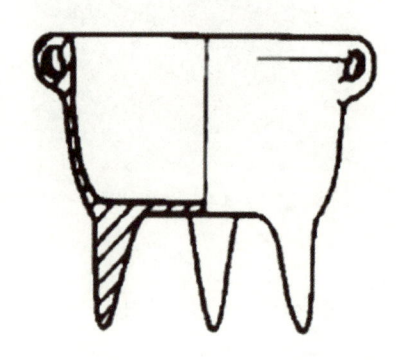

图2-45　CⅡ式扁腹环耳鬲[3]　　图2-46　AⅠ式深腹鼎[4]

2. 与白金宝文化的关系

白金宝文化是松嫩平原具有代表性的较早的青铜时代文化，因首次发掘于黑龙江省肇源县白金宝村而得名，距今3000—2500年左右，历史年代大致为西周早期至春秋晚期。[5]1964年，

---

[1] 赵宾福：《东北青铜时代考古学文化谱系格局的研究》，《边疆考古研究》2012年第2期，第127—147页。

[2] 朱永刚：《夏家店上层文化向南的分布态势与地域文化变迁》，《庆祝张忠培先生七十岁论文集》，科学出版社，2004年，第422—436页。

[3] 赵宾福：《东北青铜时代考古学文化谱系格局的研究》，《边疆考古研究》2012年第2期，第127—147页。

[4] 赵宾福：《东北青铜时代考古学文化谱系格局的研究》，《边疆考古研究》2012年第2期，第127—147页。

[5] 赵宾福：《白金宝文化的分期与年代》，《边疆考古研究》2008年第00期，第119—135页。

黑龙江省博物馆于嫩江下游进行考古调查时发现了白金宝遗址，首次发掘于1974年，并直接提出"白金宝文化"的命名。该文化遗址分布于整个松嫩平原，主要有黑龙江省肇源县白金宝遗址、望海屯遗址、西南得根遗址、杜尔伯特蒙古族自治县的官地遗址、大同区的常家围子遗址，宝山二村遗址，林甸县牛尾巴岗墓葬，吉林省大安县东山头遗址、永合屯遗址，汉书遗址上层等。[1]

白金宝文化陶器类型主要有鬲、罐、杯、钵、盆、甑、壶、碗、瓮、盏等，灰褐陶为主，少见红陶，制作工艺为泥片叠筑，多见平底器、三足器、四足器，器表纹饰主要有篦点纹、戳印纹、绳纹、指甲纹，篦点纹是最常见也是最具代表性的纹饰，施加方法是用缠有纤维或细绳的薄片状硬质工具在尚未干透的陶器器表上连续压印，形成坑点密集而细小的纹饰，纹样多变，极具想象力。[2]

作为夏家店上层文化与北部南西伯利亚以及外贝加尔地区文化的连接枢纽，白金宝文化与夏家店上层文化之间的联系也主要体现在陶器上，直口、筒腹、篦点纹是白金宝文化和夏家店上层文化联系紧密且最直接的反映，夏家店上层文化的小黑石沟遗址、翁牛特旗大泡子墓、龙头山遗址、关东车遗址中都有出土同类器。

龙头山遗址位于内蒙古克什克腾旗土城子镇南6000米处的龙头山北坡，东邻西拉木伦河支流苇塘河，距今3200—2400年。[3]1987—1991年，内蒙古自治区文物考古研究所先后对该遗

---

[1] 唐国文：《松嫩平原青铜时代文化的代表——白金宝文化遗存》，《大庆社会科学》2008年第6期，第142—147页。

[2] 蔡昕欣：《白金宝文化陶器纹饰初步研究》，《北方文物》2015年第2期，第44—48页。

[3] 齐晓光：《内蒙古克什克腾旗龙头山遗址发掘的主要收获》，《内蒙古东部区考古学文化研究文集》，1990年，第14页。

址进行了四次发掘，揭露面积5000余平方米，是目前发掘面积最大、遗存内涵丰富且文化性质单纯的夏家店上层文化遗址。[1]

龙头山遗址出土了大量陶器，总共有10多种器物类型，包括鬲、钵、罐、盆、鼎、豆等。[2]龙头山遗址出土的压印篦点纹陶器，色泽较暗，陶色不纯，红褐陶较为少见。早期的纹饰非常简单，主要有圆形的窝纹粗粒篦点纹和附加堆纹。较晚时期，出现了锥刺得非常细密的篦点纹，这些纹饰往往以组合的形式出现，如平行、曲折、竖线等，甚至还有动物纹、折角纹等。[3]在距离龙头山遗址不远的关东车遗址中，也发现了典型的夏家店上层文化遗存，关东车遗址所出陶器上施印的篦点纹纹理较浅，多构成线形或三角形纹样，系采用平行缠绕细线的片状工具，以工具的锐边在陶器表面施压成形。[4]此外，翁牛特旗大泡子墓也出土了多件与之相似的篦点纹陶器，其中有一件泥质褐陶壶，器壁较薄，直领侈口，扁圆腹，小平底，颈部饰一周篦纹沟压印网纹带，腹部饰篦纹沟构成的几何纹带（图2-47）。[5]

在夏家店上层文化相关遗址中，出土的篦点纹陶器的施纹技法和纹样的特点与白金宝文化基本一致，所不同的是夏家店上层文化相关遗址中出土的篦点纹陶片刻划的纹理较浅，纹样也较白

---

[1] 井中伟:《夏家店上层文化的分期与源流》,《边疆考古研究》2012年第2期,第149—174页。

[2] 朱永刚:《克什克腾旗关东车遗址考古调查与试掘》,《边疆考古研究》2003年第00期,第15—29页。

[3] 齐晓光:《内蒙古克什克腾旗龙头山遗址发掘的主要收获》,《内蒙古东部区考古学文化研究论文集》,1991年,第58页。

[4] 朱永刚:《克什克腾旗关东车遗址考古调查与试掘》,《边疆考古研究》2003年第00期,第15—29页。

[5] 贾鸿恩:《翁牛特旗大泡子青铜短剑墓》,《文物》1984年第2期,第50—54页。

金宝文化更为简单，就目前发现的压印纹陶片来看，一般仅施于陶器的口沿部位（图2-48）。而白金宝遗址中出土的篦点纹陶器刻划纹理要更深一些，纹样也比较繁复多样，覆盖面积更是涉及器物的整个腹部（图2-49、图2-50）。两种文化纹饰技法的共通性或许在暗示当时的人群有过密切的交流。[1]

图2-47　西周印几何纹褐陶四棱罐

图2-48　篦点纹陶片[2]（龙头山遗址锥刺组合Ⅱ H1∶1）

图2-49　篦点几何纹高领壶

图2-50　筒形罐

1　朱永刚：《夏家店上层文化向南的分布态势与地域文化变迁》，《庆祝张忠培先生七十岁论文集》，科学出版社，2004年，第422—436页。
2　朱永刚：《克什克腾旗关东车遗址考古调查与试掘》，《边疆考古研究》2003年第00期，第15—29页。

多元一体——先秦时代的文化交流

　　白金宝文化与夏家店上层文化在时间与空间上有很大的重叠性，又都处于北方欧亚草原文化与中原文化相互交流的重要枢纽位置，物质与文化的交流自然不可避免。此外，两地文化出现的篦点纹施压技法是一种地区性的文化传统，这便暗示了当时有人口迁移的活动，两种文化在器物的造型、工艺、纹样等方面的互通性也进一步证实了两者之间亲密且频繁的交流。

　　3. 与魏营子文化的关系

　　魏营子文化是辽东地区继高台山文化之后的一支强势文化，因1970年发现于辽宁省朝阳县前魏营子村而得名，年代不晚于两周之际。根据1972年辽宁喀左县后坟村出土的一批陶器，专家认为可能是属于辽西地区夏家店下层和夏家店上层之间的一种文化类型，后随着考古资料的不断完善，魏营子类型被正式命名为魏营子文化，也确定了它作为夏家店上层文化的主要源流之一的考古学文化的地位。魏营子文化遗址所在的大小凌河流域是联系中原和东北亚地区的枢纽，出土物主要有陶器、青铜器、石器等，房屋为半地穴式或地面式建筑，墓葬主要以土坑竖穴木椁墓为主。该文化进入繁荣期后，开始自东向西扩张，在扩张与转移的过程中不仅为周边青铜文化带去了自己的风格，也吸收了许多其他青铜文化的内涵。

　　魏营子文化房屋建筑多为双套间式，墓葬多为长方形土坑竖穴墓；陶器为夹砂或掺云母片，陶质疏松，火候较低，多素面，流行外叠唇，见錾耳、环耳、盲耳；手制，也可分段套装或轮制，主要陶器有短柄豆、乳足鬲、筒腹鬲、勺、中口罐、纺轮、网坠，多见叠唇、高领、附加堆纹等特征。铜器中既有地方特色的器物，也有与中原文化特征一致的器物，有金钏、耳环、三翼铜镞、头

202

盔等。石器有双孔弧背半月形刀、环形石器、镞等，有打制石器、磨制石器和细石器。骨器有卜骨、骨匕、短身镞。[1]

现仅以筒腹鬲为例，作为两种文化交流的见证。平顶山遗址魏营子类型88H302：7中出土的筒腹鬲为夹砂红褐陶，素面，大口，口部微外侈，腹部近筒状，下部微弧，腹上部有一对舌状鋬手，三足残，口径17厘米，残高18.7厘米（图2-51）。[2] 夏家店遗址T3⑤：11中出土的夏家店上层文化筒腹鬲，大口，口沿外有一圈泥匝，腹部近直筒，下部微弧，腹上部有一对方形实心鋬耳，高档上有一凸起的小瘤（图2-52）。[3] 两件器物均为大口、素面、一对鋬耳、三足，其中最为突出的还是其近乎直筒状的腹部，

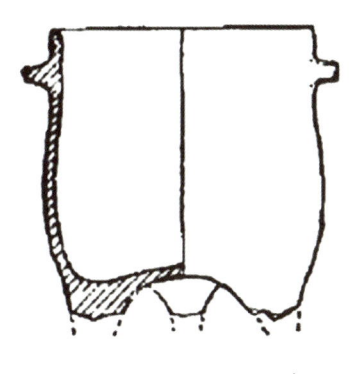

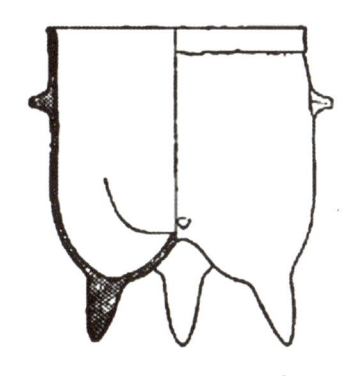

图 2-51 筒腹鬲[4]　　　　图 2-52 筒腹鬲[5]

1　董新林：《魏营子文化初步研究》，《考古学报》2000年第1期，第1—30页。
2　朱永刚、赵宾福、王成生、徐光辉：《辽宁阜新平顶山石城址发掘报告》，《考古》1992年第5期，第399—417页。
3　《赤峰药王庙、夏家店遗址试掘报告》，《考古学报》1974年第1期，第111—144页。
4　朱永刚、赵宾福、王成生、徐光辉：《辽宁阜新平顶山石城址发掘报告》，《考古》1992年第5期，第399—417页。
5　《赤峰药王庙、夏家店遗址试掘报告》，《考古学报》1974年第1期，第111—144页。

多元一体——先秦时代的文化交流

其不同之处是夏家店遗址的这件筒腹鬲仅比魏营子文化筒腹鬲多了一个凸起的小瘤和一圈泥匝。

夏家店上层文化分布区域的努鲁儿虎山一带与魏营子文化的分布区域有所交错，所处时间也有所重叠。对比夏家店上层文化与魏营子文化可以发现，两种文化在房屋、墓葬、陶器、石器等方面各有特色，但又有大量的共通性。可见，两种文化既各有各自的特点，相互之间又有着紧密的联系。

4. 与双房文化的关系

双房文化属辽东地区东北系青铜文化，因1980年在辽宁省新金县（现普兰店市）双房村发现了一批墓葬而得名。年代为西周至春秋时期，关于其来源，一支是由商代晚期的双坨子三期文化发展而来，文化发展序列为：双坨子三期文化—双房文化—高台山文化—夏家店上层文化。

公元前10世纪到公元前3世纪，我国东北地区，即辽宁省、内蒙古自治区、吉林省、黑龙江省等地区，出现了一种极具地域性文化特征的曲刃剑，又叫双侧曲刃剑，该类剑在历史上出现的时间较早，消失得也早，沿用了将近约800年之久。[1]该类剑剑刃两侧为波浪形，节尖凸出，内弧束腰，柱脊贯穿全身。这类青铜短剑因其影响空前，在我国东北地区形成了一个庞大的体系。早期，剑身与剑柄是分开铸造的，之后再组合到一起，剑柄有木质剑柄、铜木混合剑柄、铜质剑柄三种，为了提高剑的锋刺强度，有的还在剑柄处设加重器。[2]

---

[1] 王岩顿：《曲刃剑与异形戈体现多种文化融合》，《辽宁日报》2021年11月12日。
[2] 赵宾福：《双房文化青铜器的型式学与年代学研究》，《考古与文物》2010年第1期，第31—41页。

清原李家卜出土的双房文化柱脊青铜短剑，圆柱状的脊纵穿剑身，这也是区别东北青铜系短剑与其他系青铜剑的根本特征，此剑节间夹角较大，后叶肥大，前叶瘦尖，剑尖锋利，是东北系青铜短剑早期的典型器型（图2-53）。[1] 小黑石沟遗址的曲刃青铜短剑由剑身和剑茎两部分组成，剑身中部有一条横贯全身的圆柱状脊，曲刃，刃两边有凸起的节尖；剑茎比较短，呈扁柱形，与剑脊同为一体，剑柄缺失（图2-54），此剑为曲刃短剑较早的一种类型。夏家店上层文化曲刃短剑较清原李家卜出土的短剑后叶变小，前叶更加细长、尖锐，节尖角度更大，趋于平缓，是曲刃短剑早期至晚期变化的典型案例。

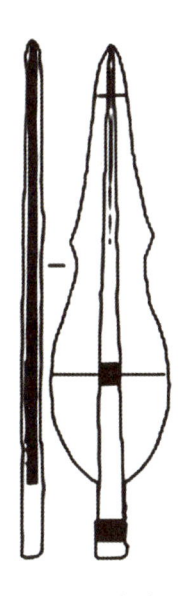

图2-53 曲刃柱脊青铜短剑　　图2-54 曲刃青铜剑

---

[1] 赵宾福：《双房文化青铜器的型式学与年代学研究》，《考古与文物》2010年第1期，第31—41页。

多元一体——先秦时代的文化交流

曲刃剑主要发现于东北地区、辽西地区和内蒙古东部，在双房文化和夏家店上层文化相关遗址中均有出土，是中国北方青铜时代具有独特地方色彩的青铜武器，多出于墓葬中。此外，齿柄青铜刀也是东北地区出土较多的器物，大量同类器的出土进一步印证了辽西地区夏家店上层文化与东北系青铜文化的深入交流。

在双房文化郑家洼子遗址中，出土有一件齿柄铜刀，背部隆起，呈弧形，刀刃内凹，刀背没有棱脊，刀尖锋利，刀身主体与柄部有明显的分界，柄部有三个锯齿状凸起，且安有骨把（图2-55，1）。在宁城南山根遗址的M102号墓中出土有齿柄刀，整体结构呈向上隆起的弧背，刃部内凹，刀尖锋利，刀背部一侧有两道棱脊，柄部锯齿状凸起的尖端大致与刃部齐平（图2-55，2）。[1] 此外在小黑石沟遗址的M5号墓中也发现了一把青铜齿柄刀，该齿柄刀柄部有两个凸起的钝齿，刀柄与刀身的分界线非常明显，背部有一条贯穿柄部与刃部的凸起棱脊，背部微弧，刃部平直，偏锋，刀尖上翘，全长10.7厘米（图2-55，3）。三件器物的形制和特征达到了高度统一。[2]

双房文化在进入繁荣期后，开始极力扩张，导致了夏商时期活跃一时的高台山文化因无法抵抗双房文化强大的势力扩张，也从原来的辽西平原北部向西迁移到辽西山地地区的西拉木伦河流域，演变成最早的夏家店上层文化，故而双房文化与夏家店上层文化也具有非常亲密的文化交流。[3]

1　瑜琼：《齿柄式铜刀刍议》，《北方文物》1991年第3期，第12—18页。
2　内蒙古自治区文物考古研究所等：《小黑石沟——夏家店上层文化遗址发掘报告》，科学出版社，2009年。
3　赵宾福：《东北青铜时代考古学文化谱系格局的研究》，《边疆考古研究》2012年第2期，第127—147页。

1. 齿柄铜刀

2. 齿柄铜刀[1]　　　　3. Ab 型青铜齿柄刀[2]

1—齿柄铜刀（郑家洼子 M6512）；2—齿柄铜刀（宁城南山根 M102）；3—Ab 型青铜齿柄刀（小黑石沟遗址 92NDXAⅡM5∶7）。

图 2-55　齿柄铜刀

（三）夏家店上层文化与中原地区文化的交流

周初，召公被封于燕地，建立了历史上的燕国，周人的文化礼仪初次传播到燕山一带。其中有一部分燕人带着中原的文化流入辽西地区，同时又因为周王朝统治的核心区距离辽西地区较远，且进入该地的中原文化被当地的文化层层包围，辽西地区便逐渐发展出了具有自己特色的文化，它既不是原来中原地区的文化，也不是当地的文化，而是一种集两地文化相互融合，并与当地人创新于一体的新型文化。

以中原地区为代表的中华文明进入青铜时代时，内蒙古地区正遭受着突变的干冷气候，从而引发一系列迁徙活动，这也导致

1　瑜琼：《齿柄式铜刀刍议》，《北方文物》1991 年第 3 期，第 12—18 页。
2　内蒙古自治区文物考古研究所等：《小黑石沟——夏家店上层文化遗址发掘报告》，科学出版社，2009 年。

多元一体——先秦时代的文化交流

夏家店上层文化的居民好不容易逐步稳定的半农半牧的社会结构又重新回到游牧结构。

自商周时期开始，青铜器作为一种礼器，既是沟通人与神的媒介，又是体现社会阶级、政治理念的重要工具，同时还起到了歌颂功德、记录重要事件的书写功能；既体现了中华文明的发展，也突出了华夏文明的世界地位。[1] 在夏家店上层文化小黑石沟遗址的贵族大墓中，出土了700多件青铜器，其中有部分青铜器在风格上与当地青铜文化迥异，这些器物与中原地区的出土物遥相呼应，如许季姜簋、师道簋、奴隶守门方鼎等，凡此种种，都是中原文化与北方青铜文化交流的直接证据。此外，出土这些青铜器的墓葬等级较高，显然是夏家店上层文化的贵族作为珍贵物品随葬的，这些属于中原文化的青铜器或许是通过贸易、战争、婚嫁、礼物交换等方式得来的，比较稀有，故而代表了拥有者强大的经济能力与外交能力，是作为地位与权力的象征而存在的。[2]

1. 许季姜簋

簋是我国古代用来盛放熟食的器皿，也是一种祭祀礼器，圆口，双耳，圈足，是我国青铜文化的标志性器物。许季姜簋是春秋时期中原十二国之一的许国铜器，许国所在地为现在的河南许昌、南阳一带，春秋时期发迹，战国时期被楚国所灭，有学者推测，该器物是许国姜姓女子嫁入该地区时的陪嫁礼器。[3]

---

[1] 潘祥辉：《传播史上的青铜时代：殷周青铜器的文化与政治传播功能考》，《新闻与传播研究》2015年第22卷第2期，第53—70页。

[2] 吉迪、张玲、余静：《公元前1000年以来中国东北地区牧业生活方式的兴起——区域文化的发展及其与周邻地区的互动》，《边疆考古研究》2004年第00期，第237—262页。

[3] 水涛：《从小黑石沟的发现看骑马民族文化因素向东方的拓展》，《边疆考古研究》2002年第00期，第263—268页。

小黑石沟遗址中出土的簋均为中原式，共5件，分为A、B、C三型，A型为方座簋，即许季姜簋（图2-56），出土于M8501号墓，分底座和器身上下两部分，口沿外侈，腹部为扁弧状，平底，底座比较高，左右两侧的腹部各有一鋬耳，鋬耳上装饰有向上攀援的夔龙纹。口部下方、腹部与下半身的方座上都有竖瓦棱纹，底部刻有铭文，共3行16个字，为"许季姜作尊簋其万年子子孙孙永宝用"。[1]

与许季姜簋器型相同的有西周晚期厉王时期的胡簋，出土于陕西扶风县。胡簋上的窃曲纹、瓦棱纹、重环纹等都是西周晚期和春秋早期中原青铜器的典型纹饰。[2]许季姜簋与胡簋在造型、纹饰上几乎如出一辙（图2-57）。胡簋分器身和底座两个部分，上身左右两端有象首形附耳，腹部、底座与许季姜簋一样均饰有瓦棱纹，颈部和圈足位置饰窃曲纹，腹内底部刻有铭文，共12行124个字，即周厉王祭祀祖先、祈求神灵保佑子民的祭文，是西周晚期的代表性器物。

图2-56 许季姜簋　　　　图2-57 胡簋

---

1 内蒙古自治区文物考古研究所等：《小黑石沟——夏家店上层文化遗址发掘报告》，科学出版社，2009年。
2 水涛：《从小黑石沟的发现看骑马民族文化因素向东方的拓展》，《边疆考古研究》2002年第00期，第263—268页。

多元一体——先秦时代的文化交流

2. 师道簋

师道簋出土于小黑石沟遗址 M8501 号墓，是一件 B 型圈足圆形簋，分顶盖和器身两个部分，器盖为子母口，顶部中央是一喇叭形外侈的圈足捉手，捉手周围有两道减地的圈纹，圈纹外围是一圈窃曲纹。器身腹部最大直径位于下部，呈斜弧状，腹上部又一圈夔凤纹，左右各有一夔龙纹鋬手，下部为一圈竖瓦棱纹，圈足较高，为喇叭状，下有四个兽形足，腹内底部有铭文，共94个字，主要记载了益公、师道与辛公的相关史事（图 2-58）。[1]

中原地区出土大量与其器型、纹饰相呼应的器物，两者作为中原文化与北方草原文化交流的结晶，具有非常直观的相似性。陕西长安县张家坡窖藏出土有五年师簋（图 2-59），其造型、纹饰等与师道簋相似度较高，器身部位除了五年师簋耳部挂有两个圆环外，其余部位的特征几乎相同。

图 2-58　师道簋　　　　图 2-59　五年师簋

3. 奴隶守门方鼎

鼎是我国古代用来烹煮肉和盛放肉类的器皿，同时也是一种

---

[1]　王一凡：《师道簋铭文新考》，《四川文物》2020 年第 3 期，第 53—59 页。

祭祀性器物，作为权力与地位的象征而存在，如商周时期的列鼎制度，对诸侯和天子使用鼎和簋的数量有非常明确的规定。小黑石沟遗址出土的鼎共分为三型，A 型便是奴隶守门方鼎，又名出刖刑方鼎。所谓刖刑，即夏商周时期一种砍去双脚的刑罚。该件器物出土于 M8501 号墓，器身分上、下两个部分，上身为长方形，口部外侈，两肩各有一附耳，装饰有重菱龙纹和回纹，四个顶角各有一个犄角翘起的向上的小兽；下身是鼎炉，左右两侧于附耳之下是小方窗，背部镂孔，正面是两扇可以开合的小门，左侧小门安有一兽纽，右侧小门雕有一守门的小奴隶，底部有五个方形的小孔，与左右两侧的小方窗功用相同，均用于通风，与现在北方地区用的烧煤炉子是一个原理，足部也分别被做成了变形的立兽（如图 2-60）。整个器型方正厚重，是商周庄严肃穆的典型性青铜礼器。[1]

图 2-60　奴隶守门方鼎[2]

---

[1] 内蒙古自治区文物考古研究所等：《小黑石沟——夏家店上层文化遗址发掘报告》，科学出版社，2009 年。
[2] 孙国军、隋瑞轩：《宁城县西周至战国小黑石沟墓群》，《赤峰学院学报》（自然科学版）2015 年第 31 卷第 7 期，第 277 页。

211

多元一体——先秦时代的文化交流

与奴隶守门方鼎相呼应的中原青铜器，为陕西扶风县庄白村一号西周青铜器窖藏出土的"西周刖人守门方鼎"，该鼎四四方方，高度不足20厘米，分上、下两个部分，上层像半个方鼎，附双耳，四个顶角外分别附有一条回头向下望的小龙，神态栩栩如生，下部与小黑石沟遗址出土的奴隶守门方鼎一样，像个小房子，左右有小窗，正面双开门，左门有一门纽，右门立一单腿小人（如图2-61）。

图2-61 西周刖人守门方鼎

奴隶守门方鼎是西周时期新创的一种保温或者加热食物的器具，所以也叫"温鼎"，是锅和炉子的组合器，类似于现在做饭用的小电锅，至于是否可以与现代人一样翻炒做菜甚至煮火锅，就无从得知了，但我们从这些器物的多样功能和精巧外形，足以看出古人对于生活质量的追求已经到了很高的水平。

4. 父丁敞口尊

尊是一种大型的盛酒器，圈足，圆腹或方腹，长颈，敞口，是一种典型的青铜礼器。父丁敞口尊出土于小黑石沟遗址M8501号墓葬，整体器型较修长，腹部长且深，上腹部斜弧，向内收，中部以下改为圆弧形腹部,圜底,圈足较高,呈喇叭状,下腹部上端有两道凸起的棱纹,其下有两条宽至 2 厘米左右的云雷纹和窃曲纹带,腹内底部有铭文,共三个字,上为亚形的族徽,下方方形框,内书有"父丁"两字(图 2-62)。[1]

陕西宝鸡石鼓山一号墓出土的亚共掾父丁尊,除下腹部多了一个"C"形鋬之外,整体构造与父丁敞口尊完全一致。器型特征为敞口,上腹部斜弧向内收,下腹部弧形,圈足底部向外撇,下腹部饰一周宽带兽面纹。一"C"形鋬手置于腹部中间,腹内底部有五字铭文,为"亚共掾父丁","亚"为框,"共"是人名,即周文王灭掉的共国主君,"掾"是职务,"父丁"是字(图 2-63)。这种外形的尊,一般认为在商周之际,腹部带鋬则被认为是西周初期独有的形式。

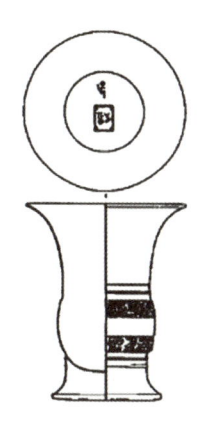

图 2-62　父丁敞口尊[2]　　图 2-63　亚共掾父丁尊

[1] 内蒙古自治区文物考古研究所等:《小黑石沟——夏家店上层文化遗址发掘报告》,科学出版社,2009 年.

[2] 内蒙古自治区文物考古研究所等:《小黑石沟——夏家店上层文化遗址发掘报告》,科学出版社,2009 年。

5. 车马器

车马器指的是古代的车及驾车的马上使用的各种器件。有的具有实质功能，有的则是装饰品。主要器类有使用于车轮部分的椁饰、毂饰；使用于车轴部分的軎、辖、轴饰；置于辀上的軏饰、軌饰、踵饰；衡上的衡饰、轭、銮；舆上的轸饰、较饰；伞盖末端的盖弓帽；镳、衔、钉齿器、节约等系马、御马器，以及诸如当卢、马冠、马笼嘴中轴、泡、镞形饰等置于马首的装饰品。

衔，俗称"马嚼子"，常被勒在马嘴里，以便驾驭马。衔由2~3支两端带环的柱状体相套接而成，最末端的环与镳相接。西周时期的铜衔在全国范围内大量出现。琉璃河墓地Ⅰ M22号墓发现的Ⅱ式衔，衔体较细、长，其中一节的两环呈垂直方向。柱体剖面多呈方形，也有呈圆形者（如图2-64）。这与小黑石沟遗址92NDXAⅡM11号墓出土的衔（图2-65）结构极其相似，两者均属于两节套接形式，两件环也均呈三角形。

图2-64 琉璃河墓地Ⅱ式衔[1]

图2-65 小黑石沟遗址出土衔[2]

---

1 吴晓筠：《商至春秋时期中原地区青铜车马器形式研究》，《古代文明》（辑刊）2002年第1卷第00期，第180—277页。

2 内蒙古自治区文物考古研究所等：《小黑石沟——夏家店上层文化遗址发掘报告》，科学出版社，2009年。

6. 兵器

除了辽西地区夏家店上层文化遗址出土的礼器，大量兵器的出现也可见证夏家店上层文化与中原文化交往密切，其中钺和戈便是以中原地区的兵器作为铸造蓝本进行的"高仿"。

夏家店上层文化的兵器中，包含少量来自中原地区的直内三穿铜戈和管銎铜钺。南山根东区石椁墓出土了一件铜戈，其形制是典型的中原直内三穿戈，只是在内的两面都铸有4个伫立状犬纹（图2-66），将典型的中原式兵器和夏家店上层文化的动物纹艺术有机融为一体。另外，有些青铜容器如豆、罐等也有受到中原铜器影响的痕迹。[1]

图 2-66 南山根墓 A 型戈[2]

商周时期，青铜礼制文化以中原地区为中心，向四周呈放射性扩散，其中一支便从中原地区出发，途经华北平原，进入燕山一带，又在各方势力的盘踞之下来到辽西地区，几经周折，与夏家店上层文化融合在一起，给远在苦寒之地的夏家店上层文化的居

---

1 乌恩岳斯图：《北方草原考古学文化研究——青铜时代至早期铁器时代》，科学出版社，2007年。
2 徐唯轩：《夏家店上层文化青铜兵器研究》，硕士学位论文，内蒙古师范大学，2017年。

多元一体——先秦时代的文化交流

民带来了先进的工艺、礼制文化，为夏家店上层文化注入了新的生命力。凡此种种，均是因为北方诸部族对中原文化的信仰与尊崇，从而萌生出高度的文化认同感，使得中原青铜文化同北方青铜文化相互融合、共同发展。同时，这也体现了中华民族在发展过程中不是一味自顾自地抱残守缺，而是始终持续性地包容和接纳其他文化，学习其他先进文化，融入自身的创新，继而发展壮大自身。

（四）夏家店上层文化与欧亚草原文化的交流

我国北方青铜文化与蒙古国、外贝加尔地区、南西伯利亚等地区都有比较密切的联系。夏家店上层文化是地处欧亚大陆东端，靠近黄河流域高度发达的农业文明，优越的地理位置决定了它在欧亚大陆草原早期游牧文化形成中的重要地位。众所周知，青铜时代晚期正是向早期游牧文化过渡的关键时期。从多瑙河到北方草原的广阔欧亚草原地带，有诸多文化发达的亮点地区，如黑海北岸的前斯基泰文化（或称金麦里文化）、咸海沿岸的早期塞种人（国外文献中称之为"萨基人"）文化、米奴辛斯克盆地的卡拉苏克文化和早期塔加尔文化、阿尔泰的早期巴泽雷克文化、图瓦的初期乌尤克文化、蒙古和外贝加尔地区的早期石板墓文化等，大体都与夏家店上层文化共存过一段时间。[1]尤其是出现于卡拉苏克文化、盛行于塔加尔文化时期的青铜刀，是这两个文化与夏家店上层文化联系紧密的重要文化因素。

叶尼塞河中游米奴辛斯克盆地以卡拉苏克文化和塔加尔文化著称于世。相较于卡拉苏克文化，塔加尔文化初期出土的遗物与夏家店上层文化的器物具有更多类似之处，但塔加尔文化部分遗

---

[1] 乌恩岳斯图：《北方草原考古学文化研究——青铜时代至早期铁器时代》，科学出版社，2007年。

存的年代晚于夏家店上层文化。至于卡拉苏克文化的石峡期（公元前10—前8世纪），年代与夏家店上层文化的繁荣期基本处于同一时段。[1]塔加尔文化上承青铜时代晚期的卡拉苏克文化，下启铁器时代的塔施提克文化，其年代范围大致为距今2900—1800年，与夏家店上层文化的时空阈值有非常大的重合性，但与夏家店上层文化相对比，塔加尔文化出现得要偏早，结束时间也更晚，两者之间也有着间接的交流关系。[2]

在我国新疆东部、内蒙古鄂尔多斯地区都发现有与卡拉苏克文化、塔加尔文化相关的遗存，如外贝加尔地区的双环首刀和内蒙古中南部鄂尔多斯地区以及夏家店上层文化的双环首刀，形制与结构都非常接近。此外，欧亚大陆草原流行的各种类型镞在夏家店上层文化中也都有发现，且形制大同小异。[3]

1. 环首兵器

外贝加尔的环首刀，弧背细长，刀柄与刀刃的分界几乎没有，而且刀柄的截面呈"Π"形（图2-67）。[4]小黑石沟遗址D型双环首柄直刃剑，剑柄平直，有短小剑格，为八字形，刃部较宽，且有残缺，剑身由宽变窄，中部有凸起的棱脊，贯穿全刃，剑尖锋利。环首上饰两个圆圈纹，柄上雕刻有9个抽象的鸟纹形象，

---

[1] 乌恩岳斯图：《北方草原考古学文化研究——青铜时代至早期铁器时代》，科学出版社，2007年。

[2] 余肖肖：《特佩西墓群塔加尔文化墓葬研究》，硕士学位论文，黑龙江大学，2020年。

[3] 乌恩岳斯图：《北方草原考古学文化研究——青铜时代至早期铁器时代》，科学出版社，2007年。

[4] 李明华：《商周时期中国北方与南西伯利亚地区青铜刀的比较》，《赤峰学院学报》（汉文哲学社会科学版）2010年第31卷第5期，第11—16页。

两侧还有锯齿状的纹饰（图 2-68）。[1]

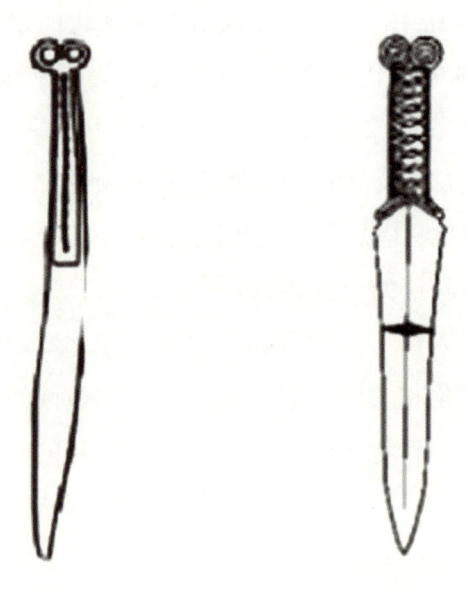

图 2-67　双环首刀[2]　　图 2-68　双环首剑[3]

卡拉苏克文化小科皮恩三号墓出土的青铜环首刀柄部平直，柄端为一椭圆形环首，刃部背部呈弓形，刃部平直，刃尖较钝，柄部与刃部界限分明（图 2-69）。B 型青铜刀全长 16.9 厘米，刃部基本完整，刃尖锋利，背部呈弧形，刃面较直，柄部弯曲，中间薄，两边厚，柄端也是一个非常规整的圆环形柄首，柄部与

---

[1] 内蒙古自治区文物考古研究所等：《小黑石沟——夏家店上层文化遗址发掘报告》，科学出版社，2009 年。

[2] 李明华：《商周时期中国北方与南西伯利亚地区青铜刀的比较》，《赤峰学院学报》(汉文哲学社会科学版)2010 年第 31 卷第 5 期，第 11—16 页。

[3] 内蒙古自治区文物考古研究所等：《小黑石沟——夏家店上层文化遗址发掘报告》，科学出版社，2009 年。

刃部的分界较明显（图2-70）。[1] 像这样的环首刀，在夏家店上层文化相关遗址中出土了很多，均与卡拉苏克文化的环首刀有着惊人的相似度。

图2-69 环首刀　　图2-70 青铜刀[2]

2. 铃首刀

在米奴辛斯克盆地出土的青铜铃首刀没有年代方面的具体信息，但从其造型和结构来看，该地区出土的青铜刀折背且柄上有两个长条形的镂孔，柄端为一铃形首，铃首刃部一侧有一半圆形的小环，刃部平直，与柄部长度相当，两者之间有阶突，这也正

---

[1] 内蒙古自治区文物考古研究所等：《小黑石沟——夏家店上层文化遗址发掘报告》，科学出版社，2009年。

[2] 内蒙古自治区文物考古研究所等：《小黑石沟——夏家店上层文化遗址发掘报告》，科学出版社，2009年。

是卡拉苏克文化晚期青铜刀的典型特征，可以确定其年代应晚于公元前 12 世纪（图 2-71）。[1] 小黑石沟遗址 M8501 号墓中出土的 G 型铃首刀。其柄端为一扁圆形的铃状首，铃上运用了镂空雕刻的工艺，即六个三角状的孔围绕着一个圆形的孔，柄部的截面呈椭圆形，刃部一侧有两个长方形的穿孔，柄部平直，背部呈弓形，刀刃微弧，略有残缺（图 2-72）。[2]

图 2-71　铃首刀 [3]　　　　　图 2-72　铃首刀 [4]

[1] 李明华：《商周时期中国北方与南西伯利亚地区青铜刀的比较》，《赤峰学院学报》(汉文哲学社会科学版)2010 年第 31 卷第 5 期，第 11—16 页。

[2] 内蒙古自治区文物考古研究所等：《小黑石沟——夏家店上层文化遗址发掘报告》，科学出版社，2009 年。

[3] 李明华：《商周时期中国北方与南西伯利亚地区青铜刀的比较》，《赤峰学院学报》（汉文哲学社会科学版）2010 年第 31 页第 5 期，第 11—16 页。

[4] 内蒙古自治区文物考古研究所等：《小黑石沟——夏家店上层文化遗址发掘报告》，科学出版社，2009 年。

3. 石板墓

北方草原文化中的石板墓主要存在于俄罗斯的外贝加尔地区和蒙古国境内，分布范围非常广泛。蒙古东部地区和外贝加尔地区的石板墓文化以石棺墓以及单人葬为主，墓葬内出土的大量青铜兵器、石质工具、装饰品、车马器等，同夏家店上层文化的墓葬形制、陪葬器物有较多的相似之处。夏家店上层文化以石棺墓和单人葬为主，同北方草原的石板墓文化的墓葬结构、葬俗非常接近，两者的关系密切。[1]

图 2-73 卡拉苏克文化墓葬形态

夏家店上层文化的墓葬多以石砌葬具为主。1956年，裴文中等一行人在赤峰红山后发现大量石棺墓，墓葬平面多呈长方形。根据现场发掘情况，专家推测这种墓葬式是先在地表挖出一个长方形的土坑竖穴，再用当地的花岗岩石块和石板搭建而

1　乌恩：《论夏家店上层文化在欧亚大陆草原古代文化中的重要地位》，《边疆考古研究》2002年第00期，第139—155页。

多元一体——先秦时代的文化交流

成,由于外形呈棺形,故而称之为"石棺墓"。用石板垒砌的石室上面还有横置的石板,即棺盖,棺盖上面用不规则的小石块堆砌成锥形。许多墓内人骨不全,随葬品也非常少,布局紊乱且毫无规律,专家推测可能是因为被盗掘破坏而造成的。根据保留的肢骨勉强可看出葬式多为右侧卧或仰身直肢葬,埋葬方位多数是略呈东西方向,南北向的较少见,未发现合葬墓以及用棺痕迹。[1]

在宁城小黑石沟遗址中发现有大型石椁墓,其中85NDXAIM4号墓整体结构呈长方形,为竖穴土坑式石棺墓,墓口长250厘米,宽70厘米,进深120厘米。墓四壁稍斜,底部长240厘米,宽60厘米,墓向81°。石棺四壁由竖立的石板组成,并紧贴壁面,上部置一石板,平铺在棺上,作为棺盖,底部没有石板铺底,该石板棺盖长40~60厘米,厚4~10厘米。棺盖上面覆盖有垒砌起来的两层大小不一的小石块。墓内人骨保存得非常完整,葬式为侧身直肢葬,头朝东,面向南方。上肢骨自然下垂,双手置于盆骨处,没有随葬品(图2-74)。[2]

塔加尔文化墓葬主要包括地表建筑和地下墓穴两部分。地表建筑常见凸起的土冢和土冢边缘的围栏结构。早期的围栏呈方形,标志性的角石不明显,中期的围栏呈矩形,角石明显,部分围栏在角石与角石连线的中部亦竖立有高大的石柱,晚期围栏常见高大石板和巨大角石组成的大型围栏。在葬具演变方面,塔加尔文

---

[1] 乌恩:《论夏家店上层文化在欧亚大陆草原古代文化中的重要地位》,《边疆考古研究》2002年第00期,第139—155页。
[2] 内蒙古自治区文物考古研究所等:《小黑石沟——夏家店上层文化遗址发掘报告》,科学出版社,2009年。

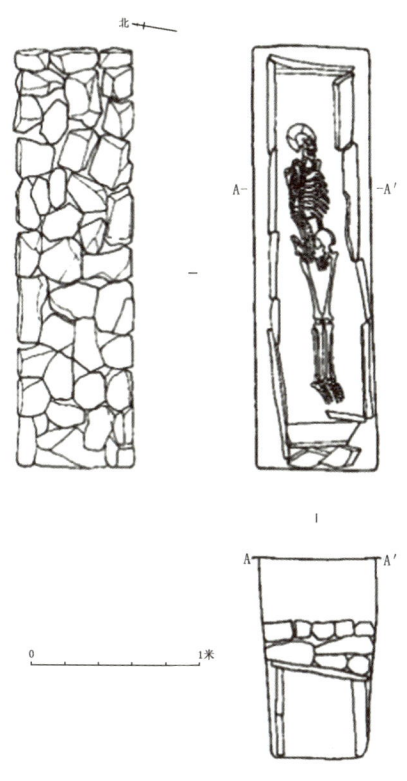

图 2-74 小黑石沟遗址石板墓[1]

化的最早阶段延续了卡拉苏克文化的主要特征，如在塔加尔文化墓葬中，墓坑中常见四周石板围砌的石棺，顶部封以石板（图2-75）。[2]

此外，早期石板墓中所见少量青铜短剑、环首刀（有的柄部装饰锯齿纹）、装饰兽纹的铜刀和几何三角纹的铜斧、联珠形饰、

---

1 内蒙古自治区文物考古研究所等：《小黑石沟——夏家店上层文化遗址发掘报告》，科学出版社，2009年。
2 余肖肖：《特佩西墓群塔加尔文化墓葬研究》，硕士学位论文，黑龙江大学，2020年。

双环马衔、镜形饰及装饰四鸟纹的方形牌饰等青铜器及卷曲成环的猛兽形象，与夏家店上层文化同类器物的形制及艺术风格都非常相近。[1]除青铜器之外，石板墓中出土陶器的纹饰多以绳纹、附加堆纹、凹点纹等为主。呼伦贝尔草原上的石板墓也出土了饰绳纹、凹点纹的陶片，遗址中还常见饰细绳纹和方格纹的陶鬲。值得注意的是，蒙古国境内的陶鬲主要分布于东部地区，在西部地区尚未发现陶鬲。由此可见，石板墓文化与以夏家店上层文化为代表的北方草原地带同时期考古学文化之间的紧密关系，不仅表现在青铜器方面，还表现在陶器方面。[2]

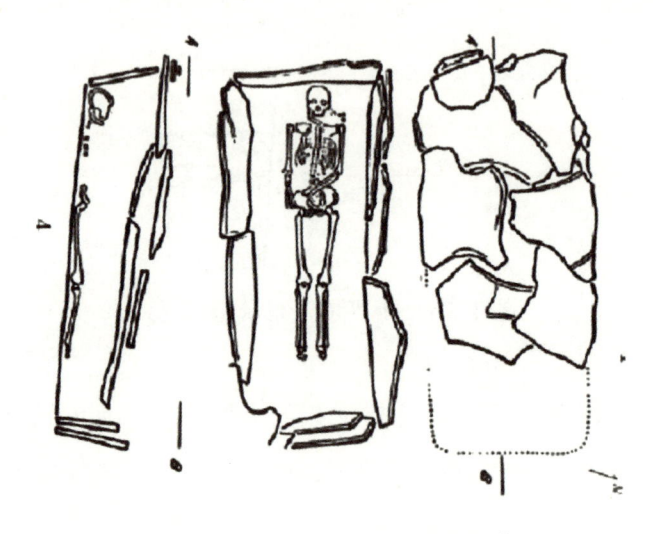

图 2-75　塔加尔文化石板墓[3]

---

[1] 乌恩岳斯图：《北方草原考古学文化研究——青铜时代至早期铁器时代》，科学出版社，2007年。

[2] 乌恩岳斯图：《北方草原考古学文化研究——青铜时代至早期铁器时代》，科学出版社，2007年。

[3] 余肖肖：《特佩西墓群塔加尔文化墓葬研究》，硕士学位论文，黑龙江大学，2020年。

生活于草原地区的早期游牧民族具有统一的生活状态，包括中国北部的欧亚草原文化在历史长河中互融互通，为了获取更多的生活资源，水草丰美的地区往往会被各方势力所争夺。在频繁的战事活动中，各方势力会尽己方最大的努力去提升武器、生产工具、车马出行等各个方面的能力，而尽快提升这些能力的最好办法便是积极学习和吸纳非本族的技术。久而久之，不仅物质文化的发展水平随着各方文化的大量吸入而愈发强盛，丧葬等精神文化也逐步得到发展，文化互动得到空前的发展。

(五) 小结

夏家店上层文化是一种由多元文化相互融合、交流而形成和发展起的考古学文化，虽然在辽西地区发现了大量的夏家店上层文化叠压夏家店下层文化的地层关系，但两者之间长久的空档期，让我们确信夏家店上层文化不是夏家店下层文化的直接继承者。夏家店上层文化与东部的高台山文化、北部嫩江流域的白金宝文化、魏营子文化、双房文化、中原地区的青铜文化、北方草原的卡拉苏克文化、塔加尔文化都有着非常紧密的联系。

据目前考古资料来看，夏家店上层文化的主要来源不是由单一的考古学文化直接形成的，而是以高台山文化和魏营子文化为主要来源，辅以周邻众多考古学文化而形成的一个集大成者。商代后期，位于辽河以东的高台山文化自西拉木伦河流域进入现在的赤峰地区，形成了最早的夏家店上层文化，位于吉林省、辽宁省等地区的魏营子文化、双房文化出土的大量青铜工具、装饰品、武器、车马器、陶器等遗物在夏家店上层文化遗址中都能找到相应的遗存，可见，无论是婚嫁还是交战，抑或是贸易，辽东地区与辽西地区的考古学文化都存在着非常亲密的交流与交往。

多元一体——先秦时代的文化交流

其中翁牛特旗大泡子墓中出土的篦点纹与直筒罐更是夏家店上层文化与北部嫩江流域白金宝文化进行交流的重要文化特征，是白金宝文化自北向南进入西拉木伦河流域之后，与当地土著文化——夏家店上层文化相互结合的产物，这就说明，作为南西伯利亚地区与辽西地区文化交流传播的枢纽地带，白金宝文化充当了一个非常重要的文化传播者的角色。

夏家店上层文化凭借毗邻东北地区的地理优势，与当时双房文化的势力传播有非常多的互动，其中较为突出的便是东北地区特有的双侧曲刃剑的传播，其作为东北青铜系文化的主要特征性器物，是文化交流的重中之重。此外，齿柄刀作为东北地区出土较多的器物，被列入夏家店上层文化的"器物清单"，也是其与双房文化进行交流的重要佐证，同时也进一步印证了辽西地区夏家店上层文化与东北系青铜文化的深入交流。

在夏家店上层文化遗址中，发现大量中原式的青铜礼器，翁牛特旗大泡子墓出土的Ⅰ式铜刀，小黑石沟遗址 M8501 出土的许季姜簋、师道簋、父丁敞口尊等大量青铜礼器以及车马器、兵器等，都说明了处于繁荣期的夏家店上层文化与中原文化在密切交流的过程中，双方不断模仿、引进、改造、吸纳彼此的行为，北方青铜文化也时刻萌生对中原先进青铜技术的尊崇，对其产生了极大的文化认同感，中原文化同时也吸收了大量北方文化的因素。

北方草原蒙古国、外贝加尔地区、南西伯利亚地区的考古学文化与夏家店上层文化之间的联系也非常紧密。卡拉苏克文化与塔加尔文化石板墓的形制、规格与夏家店上层文化石板墓高度相似，是从遥远的北方草原地区传过来的具有明显地域性特征的文化因素。此外，夏家店上层文化的环首刀、铃首刀等特殊柄首遗物的发现，也说明了辽西地区文化与俄罗斯、外蒙古等地区文化有密切的交流。

夏家店上层文化多元的文化结构，赋予了该文化出土器物多元性的特征。一方面，夏家店上层文化出色地继承了我国古代北方青铜器、陶器、纹饰、骨器等方面已有的成果，其特殊的空间位置又使它吸取了大量的中原地区文明、欧亚草原的优秀文化；另一方面，它也没有安于现有的模式，而是吸纳、借鉴、融合了外来文化的诸多因素，从自身出发，创造出许多独特的文化因素，从而为后人凸显了这支考古学文化在欧亚大陆古代文明中独具一格的重要地位。

后　记

本书对我国北方地区先秦时期的考古学文化进行了系统介绍，从新石器时代早期的兴隆洼文化到新石器时代中期的红山文化，再到新石器时代晚期的小河沿文化阶段，来自各地的文化因素在这里汇聚，让我们看到了多元一体的初步形成。步入青铜时代，分布于内蒙古西部地区的朱开沟文化开启了北方地区的青铜时代，进入"方国"文明阶段的夏家店下层文化对各种文化因素的进一步融合，到夏家店上层文化时期的北方地区，则已经更加深入地融合了包括中原文化在内的多种文化因素。历经数千年的文化演变与互动交流，我国北方地区早已经成为中华文化的重要组成部分。

本书上编新石器时代的兴隆洼化文化由刘江涛撰写，红山文化由乌兰撰写，小河沿文化由李明华撰写；下篇青铜时代的朱开沟文化由任君宇撰写，夏家店下层文化与夏家店上层文化由李明华撰写。在写作过程中，参考了前辈学者的大量研究成果，豆艳霞、吴缘缘、任亚茹、亢彦路完成了大量的资料搜集与整理工作，在此一并致谢。本书内容如有疏漏不当之处，还望读者批评指正。